城市轨道交通职业教育系列教材——城市轨道交通工程技术

城市轨道交通施工安全管理

刘连珂 ◎ 编著

西南交通大学出版社

·成 都·

图书在版编目（CIP）数据

城市轨道交通施工安全管理 / 刘连珂编著. —成都：西南交通大学出版社，2019.8（2021.12 重印）
ISBN 978-7-5643-7042-8

Ⅰ.①城… Ⅱ.①刘… Ⅲ.①城市铁路–轨道交通–工程施工–安全管理 Ⅳ.①U239.5

中国版本图书馆 CIP 数据核字（2019）第 168329 号

Chengshi Guidao Jiaotong Shigong Anquan Guanli
城市轨道交通施工安全管理
刘连珂　编著

责 任 编 辑	杨　勇
封 面 设 计	何东琳设计工作室
出 版 发 行	西南交通大学出版社 （四川省成都市二环路北一段 111 号 西南交通大学创新大厦 21 楼）
发行部电话	028-87600564　028-87600533
邮 政 编 码	610031
网　　　 址	http://www.xnjdcbs.com
印　　　 刷	四川煤田地质制图印刷厂
成 品 尺 寸	185 mm × 260 mm
印　　　 张	11
字　　　 数	276 千
版　　　 次	2019 年 8 月第 1 版
印　　　 次	2021 年 12 月第 3 次
书　　　 号	ISBN 978-7-5643-7042-8
定　　　 价	36.00 元

课件咨询电话：028-81435775
图书如有印装质量问题　本社负责退换
版权所有　盗版必究　举报电话：028-87600562

前　言

　　城市轨道交通是大城市公共交通系统的骨干，是建设现代城市的重要基础设施，是便民惠民的重大民生工程，在引领和支撑城市发展、满足人民群众出行、缓解交通拥堵、减少环境污染等方面发挥着越来越重要的作用，已成为大城市人民群众日常出行重要的交通方式和城市正常运行的重要保障，其建设、运营安全与服务水平对保障人民群众生命财产安全、维护社会稳定以及提升人民群众获得感具有重要意义。近年来，我国城市轨道交通事业迅速发展，截至 2018 年年底，我国已有 43 个城市建设运营城市轨道交通系统，运营里程达 4 300 km，形成以地铁、轻轨为主体，其他制式为补充的多元化发展格局。"十三五"期间我国将有 80 个城市具备城市轨道交通建设条件，预计城市轨道交通运营里程达 8 000 km。随着新开通运营的城市增多，城市轨道交通建设的安全施工保障难度越来越大，乘客的服务需求和期望也越来越高，对提升行业安全管理水平提出了新的更高要求。

　　城市轨道交通作为城市一种重要的公共交通运输工具，线路处于地下空间、地面空间、高架空间，施工环境复杂。行车的安全，在很大程度上取决于施工安全。维修施工作业具有时间短、要求高、作业时间相对集中、绝大部分为夜间作业等特点，一旦发生施工安全意外事故，不但容易造成人员伤亡和财产重大损失，使城市轨道交通运输的秩序紊乱，严重影响乘客出行，而且会产生恶劣的社会影响，引发许多复杂的社会问题，如果应急处理不当，还会影响党和政府的形象和声誉；不仅关系到城市轨道交通对城市经济社会发展的保障能力，而且事关城市平稳较快发展和社会稳定大局；不仅关系到城市轨道建设和运营的良性循环，而且事关人民群众生活水平的提升，事关社会公共服务体系的完善和社会文明进步的进程。因此，要高度重视施工安全工作，做好城市轨道交通安全施工管理及应急预案工作，最重要的就是确保运输安全稳定。必须科学合理地组织时间和空间的立体化施工作业，要求有关部门密切配合，最大限度地利用较短的施工时间，良好地完成施工任务，确保设备安全、可靠运行。

　　本教材是以城市轨道交通企业建设施工安全运行为基本依据，按照城市轨道交通施工安全的标准和要求，参照国家建设职业资格标准和城市轨道交通建设管理部门及施工单位安全管理人员职业水平标准，确保行车设备、设施维修保养符合技术要求，以提高施工安全技术能力和职业素养为中心，结合国内外大量地铁施工事故案例综合分析，对城市轨道交通施工事故的处理、预防及应急救援预案进行优化研究，进一步完善城市轨道交通施工安全风险管理优化机制，使轨道交通安全管理更加系统化、信息化、智能化，确保轨道交通建设安全、优质、高效。

  本书由南京铁道职业技术学院刘连珂编著。在编写本书过程中，编者参考了大量的城轨建设专业资料和轨道交通企业施工现场实际及广泛的网络资源，同时也得到全国安全职业教育教学指导委员会一些专家学者的支持和帮助，在此一并表示感谢。由于本人水平有限，书中难免出现疏漏，敬请广大读者批评指正。

编著者

2019 年 7 月

目　录

项目一　现代安全管理基础 ·· 001
 任务一　安全的基本概念和基础理论 ··· 001
 任务二　安全生产的基本内涵 ··· 005
 任务三　安全管理基本原理 ·· 008
 任务四　现代安全管理方法 ·· 013

项目二　城市轨道施工安全管理 ·· 017
 任务一　国内外城市轨道交通安全现状及发展 ······································· 017
 任务二　城市轨道交通安全管理的方针及原则 ······································· 021
 任务三　城市轨道交通工程施工管理 ··· 026
 任务四　施工现场重大危险源卡控措施 ·· 031
 任务五　城市轨道建设工程施工安全管理责任 ······································· 039

项目三　城市轨道施工安全法律法规 ·· 044
 任务一　国家安全法律、法规及标准 ··· 044
 任务二　铁路安全相关法律法规 ·· 048
 任务三　城市轨道施工安全相关法律法规 ··· 052

项目四　城市轨道交通施工风险因素分析 ··· 060
 任务一　城市轨道施工中的危险有害因素 ··· 060
 任务二　城市轨道工程事故案例分析 ··· 062
 任务三　城市轨道交通工程关键节点风险管控 ······································· 065

项目五　地铁车站施工管理 ·· 069
 任务一　地铁站项目安全管理制度 ·· 069
 任务二　地铁车站施工安全规范 ·· 071
 任务三　地铁主体车站施工安全 ·· 075
 任务四　施工检修安全管理 ·· 097
 任务五　车站施工管理规范 ·· 116

项目六　运营线路保护区及外部施工配合管理办法 ·········· 124
任务一　运营线路地铁设施保护区 ·········· 124
任务二　外部施工配合流程 ·········· 128
任务三　施工安全管理系统 ·········· 130

项目七　城市轨道建设工程质量安全事故应急预案 ·········· 136
任务一　应急预案的依据、原则、体系与风险评估 ·········· 136
任务二　预案评审及发布 ·········· 138
任务三　预案演练和培训 ·········· 139

项目八　城市轨道交通建设工程风险管理 ·········· 140
任务一　城市轨道建设工程风险管理的特点 ·········· 140
任务二　世界城市轨道建设工程风险管理发展现状分析 ·········· 142
任务三　城市轨道交通工程风险管理的内涵 ·········· 147
任务四　施工安全风险防控技术和手段 ·········· 151
任务五　城市轨道建设工程风险评估与防控 ·········· 153

项目九　地铁工程施工安全评价 ·········· 159
任务一　地铁工程施工安全评价的意义、体系与程序 ·········· 159
任务二　地铁工程施工安全组织管理评价 ·········· 161
任务三　地铁工程施工安全技术管理评价 ·········· 164
任务四　地铁工程施工环境及监控预警管理评价 ·········· 166

参考文献 ·········· 170

项目一
现代安全管理基础

任务一 安全的基本概念和基础理论

一、安全的基本定义

1. 安全的含义

《现代汉语词典》：没有危险；不受威胁；不出事故。

在生产活动过程中，能将人或物的损失控制在可接受指标的状态。

"安全"是相对的安全，绝对的安全不存在。

绝对安全观认为，安全指没有危险、不受威胁、不出事故，即消除能导致人员伤害，发生病、死亡或造成设备财产破坏、损失，以及危害环境的条件。由于绝对安全观过分强调安全的绝对性，其应用范围受到了很大的限制，特别是在分析社会技术系统的安全问题时更是如此。

相对安全观认为，安全是相对的，绝对安全是不存在的。例如，美国哈佛大学的劳伦斯教授将安全定义为"安全就是被判断为不超过允许极限的危险性"，也就是指没有受到损害的危险或损害概率低，《通用安全专业术语词典》中将安全定义为"安全意味着可以容许的风险程度，比较的无受损害之忧和损害概率低的通用术语"。

2. 安全的基本定义

安全的基本定义：人类的整体与生存环境资源的和谐相处，互相不伤害，不存在危险的危害的隐患。

狭义的安全，就是人类的个体与周围环境的相容性；相容性很好的话，表明生存环境非常宽容，人们幸福安康娱乐休闲富足。

广义的安全则是指人类的生存环境——地球的生态安全,包括来自宇宙的多种复杂的天文危险隐患的识别。

3. 安全的通俗理解

无危为安，无损为全。

当把人的生命比作是"1"时，生活就是在"1"后面加"0"，后面加的"0"越多，说明事业越成功、家庭越幸福。倘若人的生命不存在了，后面加再多的"0"还有什么意义呢？

4. 安全的高度理解

人们可以将安全理解为国家安全、政治安全、经济安全、文化安全、国际安全、区域安全，还有常见的企业安全等。

国家安全是国家的基本利益，是一个国家处于没有危险的客观状态，也就是国家没有外部的威胁和侵害，也没有内部的混乱和疾患的客观状态。当代国家安全包括11个方面的基本内容，即国民安全、领土安全、主权安全、政治安全、军事安全、经济安全、文化安全、科技安全、生态安全、信息安全和核安全。

政治安全，就是政治主体在政治意识、政治需要、政治内容、政治活动等方面免于内外各种因素侵害和威胁而没有危险的客观状态。

经济安全，是指经济全球化时代一国保持其经济存在和发展所需资源有效供给、经济体系独立稳定运行、整体经济福利不受恶意侵害和非可抗力损害的状态和能力，是指一国的国民经济发展和经济实力处于不受根本威胁的状态。

5. 安全的前沿理解

生态安全、核安全等。

生态安全，是指生态系统的健康和完整情况，是人类在生产、生活和健康等方面不受生态破坏与环境污染等影响的保障程度，包括饮用水与食物安全、空气质量与绿色环境等基本要素。

核安全，是指对核设施、核活动、核材料和放射性物质采取必要和充分的监控、保护、预防和缓解等安全措施，防止由于任何技术原因、人为原因或自然灾害造成事故发生，并最大限度减少事故情况下的放射性后果，从而保护工作人员、公众和环境免受不当辐射危害。

二、安全的相关概念

1. 危　险

不安全（危险）——在生产活动过程中，人或物遭受损失的可能性超出了可接受指标的状态。

设危险状态为 W，则有 $W=f(\Delta X, \Delta L)$，是一个多因素的状态函数，是危险因素偏差导致的结果。危险因素变化 ΔX 变化，引起人、物、环境、管、信息偏差导致后果 ΔL 变化。该状态是客观存在的，具有潜在性、隐蔽性。危险程度是可转化的。

2. 风险（危险性）

风险是某一有害事故发生的可能性与事故后果的组合。一般把安全生产的风险定义为：安全生产不期望事件的发生或存在概率与可能发生事故后果的组合。

危险性+安全性=1

一般意义上的风险具有概率和后果的二重性，即可用损失程度 C 和发生概率 P 的函数来表示风险尺。

$$R=f(P, C)$$

式中：C 代表损失程度即结果；P 代表发生的概率。

损失结果与风险成正比，损失程度越大，风险就越高。为简单起见，大多数文献中将风险表达为概率与后果的乘积 $R = P \times C$。

3. 安全性

从系统的安全性能讲，安全性为衡量系统安全程度的客观量。与安全性对立的概念是描述系统危险程度的指标——风险（又称危险性）。假定系统的安全性为 S，危险性为 R，则有 $S=1-R$。显然，R 越小，S 越大；反之亦然。若在一定程度上消减了危险因素，就等于创造了安全条件。

4. 事 故

事故——任何计划之外的事件，可能引起或不会引起损失或伤害。

事故是指在生产活动过程中，由于人们受到科学知识和技术力量的限制，或者由于认识上的局限，当前还不能防止或能防止而未有效控制所发生的违背人们意愿的事件序列。它的发生，可能迫使系统暂时或较长期地中断运行，也可能造成人员伤亡、财产损失或者环境破坏，或者其中二者或三者同时出现。

5. 隐 患

隐患——在生产过程中，由于人们受到科学技术的限制，或者认识上的局限，未能有效控制的可能引起事故的行为和状态。

事故是隐患发展的结果，隐患是事故发生的必要条件。隐患一旦被识别，就要予以消除。对于受客观条件所限不能立即消除的隐患，要采取措施降低其危险性或延缓危险性增长的速度，降低其被触发的"概率"。

6. 基本概念之间的相互关系

（1）安全与危险是一对此消彼长、动态发展变化的矛盾双方，它们都是与生产过程共存的连续型过程。

（2）描述安全与危险的指标分别是安全性与危险性（风险），二者存在如下关系：

安全性 = 1-危险性

（3）事故与安全是对立的，但事故并不是不安全的全部内容，而只是在安全与不安全一对矛盾斗争过程中某些瞬间突变结果的外在表现。

（4）系统处于安全状态并不一定不发生事故，系统处于不安全状态，也未必完全是由事故引起。

（5）事故发生，系统不一定处于危险状态；事故不发生，也不能否认系统不处于危险状态。事故不能作为判别系统危险与安全状态的唯一标准。

（6）事故总是发生在操作的现场，总是伴随隐患的发展而发生在生产过程之中，事故是隐患发展的结果，而隐患则是事故发生的必要条件。

三、安全的普遍性与特殊性

1. 安全的普遍性

作为伴随生产而存在的安全问题，对于所有的技术系统都具有普遍的意义，城市轨道运营系统也不例外。

2. 安全的系统性

安全涉及技术系统的各个方面，包括人员、设备、环境等因素，而这些因素又涉及经济、政治、科技、教育和管理等许多方面。特别对于像城市轨道运营系统这样的开放系统，安全既受系统内部因素的制约，也受到系统外部环境的干扰。而安全的恶化状态，即事故，不仅可能造成系统内部的损害，而且可能造成系统外部环境的损害。因此，研究和解决安全问题应从系统观点出发，运用系统工程的方法，进行综合治理。

3. 安全的相对性

凡是人类从事的生产活动，都有安全问题，所不同的只是发生事故的可能性有大有小，危害程度有轻有重而已。安全是相对的，不安全是绝对的，系统发生事故的可能性始终存在。但是，事故是可以预防的，可以利用安全系统工程的原理和技术，预先发现、鉴别、判明各隐患，并采取安全对策从而防患于未然。

4. 安全的依附性

安全是依附于生产而存在的，它不可能脱离具体的生产过程而独立存在，只要存在生产活动，就会出现安全问题。另外，安全是生产的前提和保障，安全工作搞得不好，生产便无法顺利进行。因此，需要经常持久地抓好安全工作。

5. 安全的间接效益性

要保证生产安全必须在人员、设备、环境和管理方面有相应适时的安全投入，但安全投入所产生的经济和社会效益却是间接的、无形的，难以定量计算。因此，安全投入往往被忽视，只有发生了事故造成了损失之后才会意识到安全投入的必要性和重要性。事实上，安全的效益除了减少事故的直接和间接经济损失外，更重要的是在提高人员素质、改进设备性能、改善环境质量和加强生产管理等方面所创造的积极的经济和社会效益。

6. 安全的长期性

人对安全的认识在时间上往往是滞后的，不可能预先完全认识到系统存在和面临的各种危险，而且，即使认识到了，有时也会由于受到当时技术条件的限制而无法予以控制。随着技术进步和社会发展，旧的安全问题解决了，新的安全问题又会产生。所以，安全工作是一个长期的过程，必须坚持不懈、始终如一地努力才行。

7. 安全的艰巨性

随着现代科学技术的发展，各种技术系统的复杂化程度增加了。以轨道交通运营系统为例，无论从规模、速度、设备和管理上都发生了极大的飞跃，一旦发生事故，其影响之大、伤亡之多、损失之重、补救之难，都是传统运输方式不可比拟的。此外，事故是一种小概率的随机偶发事件，仅仅利用已有的事故资料不足以及时、深入地对系统的危险性进行分析，而现代社会的文明进步又不容许通过事故重演来深化对安全的认识。因此，认识事故机理，不断揭示系统安全的各种隐患，确实是艰巨的任务。

四、安全科学的研究目标

将技术应用过程中所发生损害的可能性或者损害的后果控制在绝对最低限度内，或者至少使其保持在可容许的限度内。

任务二　安全生产的基本内涵

安全生产是指采取一系列措施使生产过程在符合规定的物质条件和工作秩序下进行，有效消除或控制危险和有害因素，无人身伤亡和财产损失等生产事故发生，从而保障人员安全与健康、设备和设施免受损坏、环境免遭破坏，使生产经营活动得以顺利进行的一种状态。

安全生产是安全与生产的统一，其宗旨是安全促进生产，生产必须安全。搞好安全工作，改善劳动条件，可以调动职工的生产积极性；减少职工伤亡，可以减少劳动力的损失；减少财产损失，可以增加企业效益，无疑会促进生产的发展；而生产必须安全，则是因为安全是生产的前提条件，没有安全就无法生产。

一、安全生产的本质

第一，保护劳动者的生命安全和职业健康是安全生产最根本、最深刻的内涵，是安全生产本质的核心。它充分揭示了安全生产以人为本的导向性和目的性，它是我们党和政府以人为本的执政本质、以人为本的科学发展观的本质、以人为本构建和谐社会的本质在安全生产领域的鲜明体现。

第二，突出强调了最大限度的保护。所谓最大限度的保护，是指在现实经济社会所能提供的客观条件的基础上，尽最大的努力，采取加强安全生产的一切措施，保护劳动者的生命安全和职业健康。

根据目前我国安全生产的现状，需要从三个层面上对劳动者的生命安全和职业健康实施最大限度的保护：一是在安全生产监管主体，即政府层面，把加强安全生产、实现安全发展，保护劳动者的生命安全和职业健康，纳入经济社会管理的重要内容，纳入社会主义现代化建设的总体战略，最大限度地给予法律保障、体制保障和政策支持。二是在安全生产责任主体，即企业层面，把安全生产、保护劳动者的生命安全和职业健康作为企业生存和发展的根本，最大限度地做到责任到位、培训到位、管理到位、技术到位、投入到位。三是在劳动者自身层面，把安全生产和保护自身的生命安全和职业健康，作为自我发展、价值实现的根本基础，最大限度地实现自主保安。

第三，突出了在生产过程中的保护。生产过程是劳动者进行劳动生产的主要时空，因而也是保护其生命安全和职业健康的主要时空，安全生产的以人为本，具体体现在生产过程中的以人为本。同时，它还从深层次揭示了安全与生产的关系。在劳动者的生命和职业健康面前，生产过程应该是安全地进行生产的过程，安全是生产的前提，安全又贯穿于生产过程的始终。二者发生矛盾，必须生产服从于安全，安全第一。这种服从，是一种铁律，是对劳动者生命和健康的尊重，是对生产力最主要最活跃因素的尊重。

第四，突出了一定历史条件下的保护。强调一定历史条件的现实意义在于：一是有助于加强安全生产工作的现实紧迫性。二是有助于明确安全生产的重点行业取向。三是有助于处理好一定历史条件下的保护与最大限度保护的关系。因此，立足现实条件，充分利用和发挥现实条件，加强安全生产工作，是我们的当务之急。

二、安全生产的管理体制与基本原则

《中华人民共和国安全生产法》确定了"安全第一、预防为主、综合治理"的安全生产管理基本方针，在此方针的规约下形成了一定的管理体制和基本原则。

所有生产经营单位在组织生产过程中，必须把保护人的生命安全放在第一位。

1. 管理体制

目前我国安全生产监督管理的体制是：综合监管与行业监管相结合、国家监察与地方监管相结合、政府监督与其他监督相结合的格局。

监督管理的基本特征：权威性、强制性、普遍约束性。

监督管理的基本原则：坚持"有法必依、执法必严、违法必究"的原则；坚持以事实为依据，以法律为准绳的原则；坚持预防为主的原则；坚持行为监察与技术监察相结合的原则；坚持监察与服务相结合的原则；坚持教育与惩罚相结合的原则。

2. 基本原则

1）"以人为本"的原则

要求在生产过程中，必须坚持"以人为本"的原则。在生产与安全的关系中，一切以安全为重，安全必须排在第一位。必须预先分析危险源，预测和评价危险、有害因素，掌握危险出现的规律和变化，采取相应的预防措施，将危险和安全隐患消灭的萌芽状态。

2）"谁主管，谁负责"的原则

安全生产的重要性要求主管者也必须是责任人，要全面履行安全生产责任。

3）"管生产必须管安全"的原则

原则是指工程项目各级领导和全体员工在生产过程中必须坚持在抓生产的同时抓好安全工作。它实现了安全与生产的统一。生产和安全是一个有机的整体，两者不能分割，更不能对立起来，应将安全寓于生产之中。

4）"安全具有否决权"的原则

原则是指安全生产工作是衡量工程项目管理的一项基本内容，它要求对各项指标考核，评优创先时首先必须考虑安全指标的完成情况。安全指标没有实现，即使其他指标顺利完成，仍无法实现项目的最优化，安全具有一票否决的作用。

5）"三同时"原则

原则是指基本建设项目中的职业安全、卫生技术和环境保护等措施和设施，必须与主体工程同时设计、同时施工、同时投产使用的法律制度的简称。

6)"五同时"原则

原则是指企业的生产组织及领导者在计划、布置、检查、总结、评比生产工作的同时，同时计划、布置、检查、总结、评比安全工作。

7)"四不放过"原则

原则指事故原因未查清不放过，当事人和群众没有受到教育不放过，事故责任人未受到处理不放过，没有制订切实可行的预防措施不放过。

三、安全生产方针与安全系统原理

1. 安全生产方针

"安全第一、预防为主、综合治理"的方针，是我国对安全生产工作提出的一个总的要求和指导原则。

首先，"安全第一"体现了人们对安全生产的一种理性认识。它包含两个层面：

第一层面，生命观。"安全第一"就是要人们懂得一定要珍惜生命、爱护生命、尊重生命和保护生命，而事故就意味着对生命的摧残与毁灭。因此应把保护生命的安全放在第一位。

第二层面，协调观，即生产与安全的协调观。从生产系统来说保证系统正常就是保证系统安全。这是保证生产系统有效运转的基础和前提条件。因此，应把安全放在第一位。

其次，"预防为主"体现了人们在安全生产活动中的方法论。

2. 安全系统原理

安全系统论原理主要研究 2 个系统对象：一是事故系统，二是安全系统。这就是安全生产原理。

1)事故要素论

该论包含 4 个要素：人——人的不安全行为；机——机的不安全状态；环——环境状况不良；管——管理欠缺。

2)安全系统论

该论包含 4 个要素：人——人的安全素质（心理与生理安全能力、文化素质）；物——设备与环境的安全可靠性（设计安全性、制造安全性、使用安全性）；能量——生产过程能的安全作用（能的有效控制）；信息——充分可靠的安全信息流（管理效能的充分发挥）是安全的基础保障。

四、事故类型、特征与事故致因理论

1. 事故类型

常见的几类事故：一次事故、二次事故、未遂事故、伤亡事故、一般事故。

海因里希法则认为：死亡、重伤、轻伤和无伤害的事故件数之比为 1∶29∶300。

2. 事故的基本特征

事故的基本特征：因果性；潜伏性、再现性和可预测性；偶然性、必然性和规律性。

3. 事故致因理论

事故致因 8 种理论：事故频发倾向理论、事故因果连锁理论、能量意外释放理论、奶酪模型理论、系统安全理论、基于人体信息处理的失误——瑟利事故模型、动态变化理论、轨迹交叉理论。其中影响较大的有：海因里希因果连锁理论。

1931 年，美国安全工程师海因里希首先提出了事故因果连锁论，用以阐明导致伤亡事故的各种原因及与事故间的关系。该理论认为，伤亡事故的发生不是一个孤立的事件，尽管伤害可能在某瞬间突然发生，却是一系列事件相继发生的结果。

海因里希把工业伤害事故的发生、发展过程描述为具有一定因果关系的事件的连锁发生过程，即：①人员伤亡的发生是事故的结果。②事故的发生是由于：人的不安全行为；物的不安全状态。③人的不安全行为或物的不安全状态是由于人的缺点造成的。④人的缺点是由于不良环境诱发的，或者是由先天的遗传因素造成的。

海因里希"直观化"的事故因果连锁理论关注了事故形成中的人与物，开创了事故系统观的先河，促进了事故致因理论的发展，成为事故研究科学化的先导，具有重要的历史地位。

他提出的"海因里希安全法则"（1∶29∶300）：在一件重大的事故背后必有 29 件轻度的事故，还有 300 件潜在的隐患。

任务三　安全管理基本原理

一、安全管理及其意义与作用

1. 安全管理的概念

安全管理是管理科学的一个重要分支，是企业生产管理的重要组成部分，是一门综合性的系统科学，是为实现安全目标而进行的有关决策、计划、组织和控制等方面的活动。

安全管理的对象是生产中一切人、物、环境的状态管理与控制，安全管理是一种动态管理。安全管理，主要是管理者对安全生产进行的计划、组织、指挥、协调和控制的一系列活动，组织实施企业安全管理规划、指导、检查和决策，同时，又是保证生产处于最佳安全状态的根本环节，以保护劳动者和设备在生产过程中的安全，保护生产系统的良性运行，促进企业改善管理、提高效益，保障生产的顺利开展。

安全管理的内容，大体可归纳为安全组织管理、过程设施管理、行为控制和安全技术管理四个方面，分别对生产中的人、物、环境的行为与状态，进行具体的管理与控制。为有效地将生产因素的状态控制好，实施安全管理过程中必须正确处理 5 种关系：

（1）安全与危险并存。安全与危险在同一事物的运动中是相互对立，相互依赖而存在的。因为有危险，才要进行安全管理，以防止危险。安全与危险并非是等量并存、平静相处。随着事物的运动变化，安全与危险每时每刻都在变化着，进行着此消彼长的斗争。事物的状态将向斗争的胜方倾斜。可见，在事物的运动中，都不会存在绝对的安全或危险。保持生产的安全状态，必须采取多种措施，以预防为主，危险因素是完全可以控制的。危险因素是客观地存在于事物运动之中的，自然是可知的，也是可控的。

（2）安全与生产的统一。生产是人类社会存在和发展的基础。如果生产中人、物、环境都处于危险状态，则生产无法顺利进行。因此，安全是生产的客观要求，自然，当生产完全停止，安全也就失去意义。就生产的目的性来说，组织好安全生产就是对国家、人民和社会最大的负责。生产有了安全保障，才能持续、稳定发展。

（3）安全与质量的包涵。从广义上看，质量包涵安全工作质量，安全概念也蕴含着质量，交互作用，互为因果。安全第一，质量第一，两个第一并不矛盾。安全第一是从保护生产因素的角度提出的，而质量第一则是从关心产品成果的角度而强调的。安全为质量服务，质量需要安全保证。

（4）安全与速度互保。速度应以安全做保障，安全就是速度。安全与速度成正比例关系。一味强调速度，置安全于不顾的做法是极其有害的。当速度与安全发生矛盾时，暂时减缓速度，保证安全才是正确的做法。

（5）安全与效益的兼顾。安全技术措施的实施，定会改善劳动条件，调动职工的积极性，焕发劳动热情，带来经济效益，足以使原来的投入得以补偿。从这个意义上说，安全与效益完全是一致的，安全促进了效益的增长。

2. 安全管理的意义与作用

安全工作的根本目的是保护广大劳动者和设备的安全，防止伤亡事故和设备事故危害，保护国家和集体财产不受损失，保证生产和建设的正常进行。为了实现这一目的，需要开展三方面的工作，即安全管理、安全技术和劳动卫生。而这三者中，安全管理又起着决定性的作用，其意义是重大的。

（1）搞好安全管理是防止伤亡事故和职业危害的根本对策。任何事故的发生不外乎四个方面的原因，即人的不安全行为、物的不安全状态、环境的不安全条件和安全管理的缺陷。

（2）搞好安全管理是贯彻落实"安全第一、预防为主、综合治理"方针的基本保证。"安全第一、预防为主、综合治理"是我国安全生产的根本方针，是多年来实现安全生产的实践经验的科学总结。

（3）安全技术和劳动卫生措施要靠有效的安全管理，才能发挥应有的作用。安全技术和劳动卫生措施对于从根本上改善劳动条件，实现安全生产具有巨大作用。

（4）搞好安全管理，有助于改进企业管理，全面推进企业各方面工作的进步，促进经济效益的提高。安全管理是企业管理的重要组成部分，与企业的其他管理密切联系、互相影响、互相促进。

二、安全管理的基本原理

管理的基本要素是人、财、物、信息、时间、机构、制度等，管理的基本原理就是研究如何正确而有效地处理这些要素及其相互关系，以实现管理的目标。安全管理作为管理的一个分支，要遵循管理的普遍规律，服从管理的基本原理。

1. 系统原理

所谓系统，指由若干相互联系、相互作用、相互依赖的要素组成的具有特定功能和确定目标的有机整体。任何管理对象都是一个特定的系统，可包含若干子系统，同时又可看成一个更大系统的组成部分。现代管理的每一个基本要素都不是彼此孤立的，而是相互关联、相互作用的。为了达到管理优化的目的，必须从整体出发，对企业系统的各个方面进行分析研究，根据企业大系统的总目标，协调各子系统的目标，运用系统理论和方法进行控制和管理。

在应用安全管理系统原理时，要把涉及安全生产的各个要素看作一个系统，并作为整个企业管理系统的有机组成部分，注重安全系统的整体性、目的性和层次性，要系统、全面地进行安全分析和评价，制定综合性的安全措施，以实现系统安全为最终目的。

2. 人本原理

管理要按科学发展观的要求，坚持以人为本，以调动人的积极性为根本，这就是人本原理。管理作为一种社会活动，是靠人来展开的。人既是管理的主体，又是管理的客体，在一定的管理层次上既管理他人，又被人管理，上下衔接形成一条以人为主体的管理链。因此，一切管理活动均要以调动人的积极性、主动性和创造性为根本，使全体人员能够明确整体目标、各自的职责、工作的意义和相互的关系，从而在和谐的气氛中积极、主动和创造性地完成各自的任务。

安全管理工作中遵循人本原理更为重要，因为安全管理的主要目的之一是保证人的安全。要以人为中心，在为人创造优良、安全的作业条件和作业环境的同时，充分调动人的安全生产的积极性，防止见物不见人、见利不见人的错误认识和做法。另外，有效的安全管理也必须是人人管理、自我管理。

3. 能级原理

在企业管理系统中，各种管理的功能是不同的，根据管理功能的不同把管理系统分成级别，把相应的管理内容和管理者分配到各级别中去，各居其位、各司其职，这就是能级原理。

管理能级的层次可分为：经营层，确定系统的大政方针；管理层，运用各种管理技术来实现经营方针；执行层，贯彻执行管理指令，直接调配人、财、物等管理要素；操作层，从事操作和完成各项具体任务。这四个层次不仅使命不同，而且标志着四大能级的差异，不可混淆。不同的管理层次应有不同的责、权、利，各级管理者应该在其位、谋其政、行其权、尽其责、获其荣、惩其误。各级能级必须动态地对应，做到人尽其才，各尽所能。

4. 整分合原理

企业是一个高效率的有序系统，具有明显的层次性。现代高效率的管理必须在整体规划下明确分工，在分工基础上进行有效的组合，这就是整分合原理。

在这个原理中，整体是前提，不了解整体及其运动规律，分工必然是盲目的；分工是关键，没有分工，整体只是一团没有秩序的混沌物，系统不可能有高效率；只有分工而没有协作，又必导致各行其是，工作上相互脱节，不能保证各个局部协调配合、综合平衡的发展。因此，在管理工作中只有整体把握，科学分解，综合组织，才能保证最佳整体效应的圆满实现。

5. 反馈原理

现代高效率的管理，必须有灵敏、正确、有力的反馈，这就是反馈原理。面对不断变化的客观实际，系统的管理是否有效，关键在于是否有灵敏、准确和有力的反馈。

反馈控制对安全管理有特别的意义。一个运转中的系统，当受到不安全因素的干扰时可能偏离安全目标，甚至导致事故或损失。为了保证系统的安全，必须及时捕捉、反馈不安全信息，消除或控制不安全因素，以实现安全生产。实际上，安全检查、隐患监控、考核评价等都是反馈原理在安全管理中的应用。重要的是，要建立有效的反馈系统，使反馈控制更加灵敏、准确和有力。

6. 封闭原理

任何系统的管理手段、管理过程等必须构成一个连续封闭的回路，才能形成有效的管理运动，这就是封闭原理。封闭就是把管理手段、管理过程等加以分割，使各部分、各环节相对独立，各行其责，充分发挥自己的功能；同时它们又互相衔接，互相制约，并且首尾相连，形成一条封闭的管理链。

坚持封闭原理，对于管理机构，不仅要有指挥中心与执行机构，还应有监督机构和反馈机构。这些机构应相互独立、相互制约、权责明确，形成一个闭环回路。对于管理法规，不仅要建立尽可能全面的执行法则，还应该建立监督法则和反馈法则，这样才能发挥法规的管理威力。对于安全管理来说，执行、监督、反馈、奖惩必须配套实施，缺一不可。对于企业人员来说，必须有职、有责、有权、有奖、有惩。只有这样，才能使得每个人内有动力、外有压力，积极认真地投入工作当中。

7. 弹性原理

管理是在系统内部条件和外部环境条件千变万化的形势下进行的，管理工作中的方法、手段、措施等必须保持充分的伸缩性，以保证管理有很强的适应性和灵活性，从而有效地实现动态管理，这就是弹性原理。

弹性原理对于安全管理具有重要意义。安全管理面临的是错综复杂的环境和条件，尤其是事故致因是很难完全预测和掌握的，因此安全管理必须尽可能保持良好的弹性。一方面要不断推进安全管理的科学化、信息化，尽可能做到对危险源的预先识别、消除或控制；另一方面要采取全方位、多层次的事故防止对策，从人、物、环境等方面层层设防。安全管理还应注意协调好各方面的关系，尽可能取得理解和支持，这样遇到意外情况时容易得到各方面的配合和帮助。

8. 动力原理

管理必须有强大的推动力，只有正确地运用动力，才能使管理工作持续而有效地进行下去，这就是动力原理。管理动力有如下3种基本类型。

（1）物质动力。这是根本动力，不仅仅是物质刺激，更重要的是经济效益。经济效益是现代管理的最终目标。

（2）精神动力。精神动力既包括信仰和精神激励，也包括日常的思想工作。精神动力不仅可以补偿物质动力的缺陷，而且本身就有巨大的威力。在特定情况下，它可以成为决定性动力。

（3）信息动力。知识、资料、消息、新闻等都可以成为信息动力，甚至爱好、志趣、好奇心等也是一种信息动力。

管理的三种动力要综合、灵活地运用，在不同的时间、地点、条件下，要掌握好各种动力的比重、刺激量和刺激频度，并应正确认识和处理个体动力与集体动力的关系。

9. 预防原理

通过有效的管理和技术手段，减少和防止人的不安全行为和物的不安全状态，从而使事故发生的概率降到最低，这就是预防原理。

遵循以下原则：偶然损失原则、因果关系原则、3E 原则、本质安全化原则。

10. 强制原理

采取强制管理的手段控制人的意愿和行为，使个人的活动、行为等受到管理要求的约束，从而有效地实现管理目标，就是强制原理。

遵循以下原则：安全第一原则、监督原则。

11. 责任原理

责任原理是指管理工作必须在合理分工的基础上，明确规定组织各级部门和个人必须完成的工作任务和相应的责任。

三、安全管理六项原则

1. 贯彻预防为主的方针

安全生产的方针是"安全第一、预防为主、综合治理"。安全第一是从保护生产力的角度和高度，表明在生产范围内安全与生产的关系，肯定安全在生产活动中的位置和重要性。

贯彻预防为主，首先要端正对生产中不安全因素的认识，端正消除不安全因素的态度，选准消除不安全因素的时机。在安排与布置生产内容的时候，针对施工生产中可能出现的危险因素，采取措施予以消除是最佳选择。在生产活动过程中，经常检查、及时发现不安全因素，采取措施，明确责任，尽快地、坚决地予以消除，是安全管理应有的鲜明态度。

2. 管生产同时管安全

安全寓于生产之中，并对生产发挥促进与保证作用。因此，安全与生产虽有时会出现矛盾，但从安全、生产管理的目标、目的，表现出高度的一致和完全的统一。国务院在《关于加强企业生产中安全工作的几项规定》中明确指出："各级领导人员在管理生产的同时，必须负责管理安全工作。""企业中各有关专职机构，都应该在各自业务范围内，对实现安全生产的要求负责。"管生产同时管安全，不仅是对各级领导人员明确安全管理责任，同时，也向一切与生产有关的机构、人员明确了业务范围内的安全管理责任。各级人员安全生产责任制度的建立，管理责任的落实，体现了管生产同时管安全。

3. 坚持安全管理的目的性

安全管理的内容是对生产中的人、物、环境因素状态的管理，有效地控制人的不安全行为和物的不安全状态，消除或避免事故，达到保护劳动者的安全与健康的目的。没有明确目的安全管理是一种盲目行为。盲目的安全管理，充其量只能算作花架子，劳民伤财，危险因素依然存在。在一定意义上，盲目的安全管理，只能纵容威胁人的安全与健康的状态，向更为严重的方向发展或转化。

4. 坚持四全动态管理

安全管理涉及生产活动的方方面面，涉及从开工到竣工交付的全部生产过程，涉及全部的生产时间，涉及一切变化着的生产因素。因此，生产活动中必须坚持全员、全过程、全方位、全天候的动态安全管理。

5. 安全管理重在控制

进行安全管理的目的是预防、消灭事故，防止或消除事故伤害，保护劳动者的安全与健康。在安全管理的四项主要内容中，虽然都是为了达到安全管理的目的，但是对生产因素状态的控制，与安全管理目的关系更直接，显得更为突出。因此，对生产中人的不安全行为和物的不安全状态的控制，必须看作动态的安全管理的重点。

6. 在管理中发展、提高

既然安全管理是在变化着的生产活动中的管理，是一种动态，其管理就意味着是不断发展的、不断变化的，以适应变化的生产活动，消除新的危险因素。然而更为需要的是不间断地摸索新的规律，总结管理、控制的办法与经验，指导新的变化后的管理，从而使安全管理不断地上升到新的高度。

任务四　现代安全管理方法

一、综合性安全管理方法

综合性安全管理方法是从企业整体出发，能应用于企业安全组织运作之中，对企业在某一时间段的安全管理全过程具有指导作用的管理方法。

1. 全面安全管理

全面安全管理是一种将系统安全管理与传统安全管理相结合的综合管理方法，它由全面质量管理演变而来。基本思路是以系统整体性原理为依据，以目标优化原则为核心，以安全决策为主要手段，将安全生产过程乃至企业的全部工作看作一个整体，进行统筹安排和协调整合的全面管理。

全面安全管理主要包括全员、全过程、全方位三层含义。

全员安全管理是指上至企业领导，下至每一名员工，人人参与安全管理，人人关心安全，注意安全，在各自的职责范围内做好安全工作。

全过程安全管理即对每项工作、每种工艺、每个工程项目的每一个步骤，自始至终地抓好安全管理。它贯穿于各项工作始终，形成纵向一条线的安全管理方式。

全方位安全管理是指系统的各个要素，从时间到地点，乃至操作方式等方面的安全问题，进行全面分析、全面辨识、全面评价、全面防护，做到疏而不漏，保证安全生产，遍及企业各个角落，横向铺开的一种管理方式。

2. PDCA 工作方法

PDCA 循环工作方式（戴明循环），是一种按照计划（Plan）、执行（Do）、检查（Check）、处理（Action）四个阶段不断循环进行管理的方法。

PDCA 循环运转的特点：大环套小环，小环保大环，推动大循环；爬楼梯；循环的关键在于处理阶段。

3. 安全目标管理

安全目标管理是目标管理方法在安全工作上的应用。安全目标管理是目标管理的重要组成部分，是围绕实施安全目标开展安全管理的一种综合性较强的管理方法。安全目标管理的基本内容包括：安全目标体系的设定、安全目标的实施、安全目标的考核与评价。

（1）安全目标体系的设定。安全目标体系的设定是安全目标管理的核心，目标设立是否恰当直接关系到安全管理的成效。目标设立过高，经努力也不可能达到，会伤害操作者的积极性；目标设立过低，不用努力就能达到，则调动不了操作者的积极性和创造性。两者均对组织的安全工作没有推动作用，达不到目标管理的作用。目标体系设定之后，各级人员依据目标体系层层展开工作，从而保证安全工作总目标的实现。安全目标体系保证措施包括技术措施、组织措施，还包括措施进度和责任者。保证措施大致有以下几方面：① 安全教育措施。包括教育的内容、时间安排、参加人员规模、宣传教育场地。② 安全检查措施。包括检查内容、时间安排、责任人、检查结果的处理等。③ 危险因素的控制和整改。对危险因素和危险点要采取有效的技术和管理措施进行控制和整改，并制定整改期限和完成率。④ 安全评比。定期组织安全评比，评出先进班组。⑤ 安全控制点的管理。制度无漏洞、检查无差错、设备无故障、人员无违章。见图 1-1。

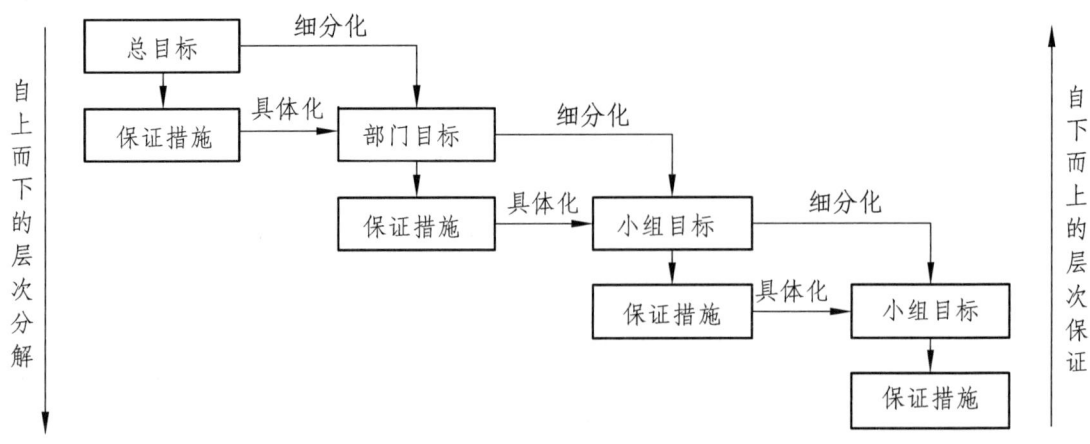

图 1-1　安全目标分解图

（2）目标的分解。企业的总目标设定以后，必须按层次逐级进行目标的分解落实，将总目标从上到下层层展开，从纵向、横向或时序上分解到各级、各部门直到每个人，形成自下而上层层保证的目标体系。这种对总目标的逐级分解或细分解称为目标分解。目标分解的目的是得到完整的纵横方向的目标体系。

（3）安全目标的实施。安全目标的实施是指在落实保障措施、促使安全目标实现的过程中所进行的管理活动。目标实施的效果如何，对目标管理的成效起决定性作用。该阶段主要是各级目标责任者充分发挥主观能动性和创造性，实行自我控制和自我管理，辅之以上级的控制与协调。目标实施中的控制分为自我控制、逐级控制、关键点控制三种。

（4）安全目标的考核与评价。为提高安全目标管理效能，目标在实施过程中和完成后都要进行考核、评价，并对有关人员进行奖励或惩罚。考核是评价的前提，是有效实现目标的重要手段。目标考评是领导和群众依据考评标准对目标的实施成果进行客观的测量过程。对目标的考评内容包括目标的完成情况、协作情况等，还应适当考虑目标的复杂程度和目标责任人的努力程度。由于考评的标准、内容、对象不同，因此对目标的考评方法也不同，但考评方法应简单、易行，具有系统性、综合性、多样性。可采取分项计分法、目标成果考评法、岗位责任考评法等。

二、思考性安全管理方法

思考性管理方法来源于运筹学、价值工程及系统工程等管理技术和科学方法，主要包括关联图法、系统图法等。

1. 关联图法

关联图法是一种对于原因-结果、目的-手段等复杂关系互相纠缠的问题，理清头绪，抓住问题的核心，找出适当解决措施的方法。

关联图的基本结构：关联图是一种把显露的问题和要因用圈将文字圈起来，并用箭线表示出因果关系的图。关联图有三种基本形式：① 中央集中型。尽量把重要项目或应解决的问题安排在中央位置，然后把相关因素按相关的程度依次排列在重要项目的周围。② 单向集约型。把重要项目或应解决的问题安排在一侧，将各要因按主要的因果关系顺序排列。③ 关系表示型。用图形简明地表示各活动项目之间或要因之间的因果关系。

2. 亲和图法

（1）亲和图法又称 KJ 法。KJ 法是把大量收集到的事实、意见或构思等语言资料，按其相互亲和性（相近性）归纳整理这些资料，使问题明确起来，求得统一认识和协调工作，以利于问题解决的一种方法。

（2）原理结合脑力激荡法（即头脑风暴法，比喻思维高度活跃，打破常规的思维方式而产生大量创造性设想的状况）、分类法、归纳法。

（3）适用情况问题复杂，起初情况混淆不清，牵涉部门众多，检讨起来各说各话时特别适用。可以认识新事物（新问题、新办法）；整理归纳思想；从现实出发，采取措施，打破现状；提出新理论，进行根本改造，"脱胎换骨"；促进协调，统一思想；贯彻上级方针，使上级的方针变成下属的主动行为。

3. 系统图法

概念系统图法又叫树图法,是将目的和手段相互联系起来逐级展开的图形表示法。利用它可系统分析问题的原因并确定解决问题的方法。它的具体做法是将把要达到的目的、所需要的手段逐级深入。系统法可以系统地掌握问题,寻找到实现目的的最佳手段,广泛应用于质量管理中。系统图是把要实现的目的、需要采取的措施或手段,系统地展开分析,并绘制成图,以明确问题的重点,并寻找最佳手段或措施的一种方法。因为系统图由方块和箭头组成,形状似树枝,所以又名树形图、树枝系统图、家谱图、组织图等。

系统图应用在企业实施安全目标管理的过程中,为了达到预定的目标,需要采用相应的手段和措施。因此,可以利用系统图对安全目标进行分析,使其自上而下层层展开,逐级落实保证措施,形成自下而上的层层保证,使安全目标管理的重点、难点一目了然。在安全管理中,因果图是一种在现场管理中经常使用,而且是非常简便有效的方法。

三、实务性安全管理方法

1. 本质安全化

这是指:操作者在误操作或判断错误的情况下,即使有不安全行为,设备、系统仍能自动地保证安全;当设备、系统发生故障时,它能自动排除,确保人身和设备安全。为了使设备、系统处于或达到本质安全而进行的研究、设计、改造和加强管理的过程,称之为本质安全化。

企业要实现符合企业生产、人身安全目的的安全本质化管理,必须站在系统的角度从以下几个方面着手,开展经常性工作:① 使生产设备、设施符合安全工程学的要求。② 强化安全规章制度,建立良好的安全生产秩序。③ 提倡计划生产、均衡生产。④ 抓好安全信息管理。⑤ 抓好班组安全建设。⑥ 提高全员素质,增强全员安全意识。

2. 事故预防技术

事故预防技术一般可以按以下的优先次序选择:① 根除危险因素。② 限制或减少危险因素。③ 隔离、屏蔽或连锁。④ 故障-安全设计。⑤ 减少故障及失误。⑥ 警告。

事故发生后如果不能迅速控制局面,则事故规模可能进一步扩大,甚至引起二次事故。因此,在事故发生之前就应考虑到采取避免或减少事故损失的技术措施。避免或减少事故损失的安全技术包括:① 隔离。包括缓冲、远离、封闭。② 个体防护。包括有危险的作业、为调查和消除危险状况而进入危险区域、应急情况时。③ 接受微小损失。④ 避难与救援。

项目二
城市轨道施工安全管理

任务一 国内外城市轨道交通安全现状及发展

世界上几乎所有的国家的城轨交通，都把确保行车安全放在突出的位置，作为衡量城轨交通管理水平的一个十分重要的质量指标。因为城轨交通行车安全的好坏与整个城市交通的经济效益有密切的联系，同时也关系着城轨交通在整个国家甚至国际上的声誉。

衡量一个国家城轨交通的安全工作，国际上虽然没有科学的统一论证方法，但一般都把在城轨交通运输过程中，由于各种原因造成的人员伤亡、货物和设备损坏，以及影响铁路正常运输的事件，都列为城轨交通运输事故。根据一个国家发生事故的数量、性质和损坏程度，来衡量这个国家城轨交通行车安全工作的水平。但对各类事故的重视程度，都把人身安全事故放在首位。

一、世界轨道交通发展概述

（一）世界轨道交通发展史

1863 年，世界上第一条用蒸汽机车牵引的地下铁道线路在英国伦敦建成通车。历经 140 多年的发展，通过不断提高技术水平，伦敦地铁系统已成为当今世界上的先进技术范例之一。尤其是地铁实现了电气化后，伦敦的地铁几乎每年都有新进展。

世界第一条地下铁道的诞生，为人口密集的大都市如何发展公共交通创造了宝贵的经验；特别是到 1879 年电力驱动机车的研究成功，使地下客运环境和服务条件得到了空前的改善，地铁建设显示出强大的生命力。从此以后，世界上一些著名的大都市相继建造地下铁道。

美国纽约于 1867 年建成了第一条地铁。

法国巴黎也是最早修建地铁的城市之一，但比英国要晚 37 年。

柏林的第一条地铁开通于 1902 年。发展至今，市区地铁已四通八达，线路已采用自动化运行技术。

日本东京的第一条地铁线路于 1927 年建成通车。日本在修建地铁的同时，着重开发主要车站及其邻近的公众聚集场所，这些场所能促进地下商业中心的建设，而且与地下车站连成一片，使地铁这一公益性基础设施获得了新的活力，取得了较好的经济效益和社会效益。

1932 年莫斯科的第一条地铁开始动工。莫斯科地铁系统的建筑风格和客运效率是举世闻名的，而所有地铁终点站都与公共汽车、无轨电车和轻轨系统相衔接，有几个车站还与铁路火车站相连接，为旅客提供了方便的换乘条件。

随着全球工业化的不断发展，城市人员迅速增加，使得城市交通日益拥挤，世界各国都在寻求发展与之相适应的城市交通工具。轻轨交通以环境污染小、节省能源、投资少且运量大而得到广泛的运用。

（二）世界主要大城市轨道交通发展现状

目前，世界上机动化水平较高的城市大多有比较成熟与完整的轨道交通系统，有些城市的轨道交通运量占城市公交运量的比重达50%以上，有的高达70%，而北京仅占15%。以下是世界主要大城市轨道交通发展状况。

东京：拥有世界大城市中最长的轨道交通线路，全长近2 000 km；年运量在100亿人次以上，市郊铁路列车最小运行间隔为2 min，最大编组为15节，每小时每方向运输能力多达10万人次。

伦敦：早已实现客运以轨道交通为主的目标。地铁共有9条线路，总长408 km，其中167 km在地下；运行间隔为2~2.5 min，郊区为10 min，最大编组为8节。

巴黎：其轨道交通包括地铁、轻轨铁路和市郊铁路，承担着全市公共交通70%的运量，另外的30%由市内和郊区汽车承担。

纽约：公共交通占总交通量的53%，到内城的客运80%采用包括地铁、市郊铁路和公共汽车在内的大容量交通工具；市区铁路线共有27条，长443 km，所有的车站通宵服务。

莫斯科：拥有一个跨及全市的立体交叉地铁网，总长243 km，140多个车站，由1条环线和8条放射线组成；每天运营20 h，高峰时列车间隔为75 s，速度为41 km/h，日运量高达800多万人次，居世界之首；客运密度为每千米1 400多万人次，高于伦敦、纽约、巴黎。

（三）全球城市轨道交通发展的特点

（1）发展趋势多样化。目前，国际上技术比较成熟、已经上线运营的城市轨道交通有地铁、市郊铁路、轻轨、单轨、导轨、线性电机牵引的轨道交通及有轨电车七种。其中市郊铁路、地铁、轻轨和有轨电车应用最广泛，线性电机牵引系统最有发展前途。

（2）形成规模和网络。纽约、伦敦、巴黎、莫斯科、东京等轨道交通较为发达的城市，基本形成一定的轨道交通规模和网络，可以延伸到城市的各个方向。

（3）轻轨交通是首选。发展中国家的轨道交通，主要集中在200万人口以上的大城市，一般只在少数特大城市发展地铁，更多的则是优先发展轻轨交通。

（4）雄厚的资金保证。城市轨道交通发展具有稳定的资金来源。多数国家由中央政府、地方政府和轨道交通受益部门共同投资建设。日本地铁建设采用补助金制度，对于市郊铁路，由国家和地方政府平均负担36%的补贴，而国家对单轨和新交通的补贴达2/3；德国交通财政资助法规定每年向购油者加收10%的税收作为城市交通建设资金，联邦政府负担60%，州政府负担40%；巴黎的法规规定，城市交通设施基本建设，中央政府投资40.5%，其余的由地方政府和有关部门投资。

二、我国城市轨道安全交通的发展现状

我国城市轨道交通发展的历史至今约已 50 多年,自从 1965 年北京修建第一条地铁,50 多年来,经历了从无到有、由弱渐强的发展历程。随着经济的快速发展,我国开始进入城市化和机动化的加速发展阶段。城市轨道交通以其大运量、高效率、低污染等优势,迅速成为许多大城市解决交通问题的首要选择,并在我国形成以地铁、城市快速铁路、高架轻轨等为主的多元化发展趋势。如北京的地铁、大连的快速轻轨、重庆的跨座式单轨、上海的磁悬浮等。

据中国轨道交通网统计,截至 2018 年年底,中国共包括上海、北京、广州、南京、重庆、武汉等 32 座城市开通运营 155 条城市轨道交通线路,总里程达 5 139.693 km,车站 3 245 座,高居世界第一。新增运营线路多,客流增长快,轨道交通系统制式多样化的趋势日益凸显。据预测,到 2020 年,我国将有 50 个城市拥有城市轨道交通,运营总里程有望达到 8 000 km。中国是世界上在建地铁里程最多的国家。据不完全统计,未来 5 年世界范围内城市轨道交通的建设 80%在中国(见表 2-1)。

表 2-1　2018 年我国城市轨道交通运营里程表(交通运输部统计数据)

序号	城　市	运营条数/条	运营里程/km	运营车站/座
1	上　海	16	679.40	400
2	北　京	21	617.67	376
3	广　州	14	451.64	240
4	南　京	10	376.95	176
5	重　庆	9	321.99	185
6	武　汉	10	321.39	206
7	深　圳	8	286.44	199
8	成　都	6	224.42	171
9	天　津	6	221.80	159
10	青　岛	4	173.38	83
11	大　连	4	160.25	78
12	郑　州	4	136.51	65
13	西　安	4	124.10	95
14	苏　州	4	120.24	97
15	杭　州	3	117.36	84
16	长　春	5	99.00	93
17	昆　明	3	88.79	59
18	宁　波	2	74.52	51
19	沈　阳	2	65.16	48
20	无　锡	2	55.72	46
21	合　肥	2	52.38	47
22	南　宁	2	52.30	43
23	长　沙	2	50.60	43
24	南　昌	2	48.43	41

续表

序号	城市	运营条数/条	运营里程/km	运营车站/座
25	东莞	1	37.79	15
26	贵阳	1	35.11	24
27	厦门	1	30.30	24
28	石家庄	2	30.27	26
29	福州	1	24.89	21
30	哈尔滨	2	22.65	23
31	佛山	1	21.46	15
32	乌鲁木齐	1	16.78	12
合计	32座	155	5 139.69	3 245

三、城市轨道交通安全生产现状

1. 运能与运量的矛盾相当突出

轨道交通快速增长的客流，以及受车辆总量不足、采购滞后、设施设备不到位等客观条件制约造成的运能"瓶颈"，对运营安全带来较大隐患，成为困扰城市轨道交通运营安全的一个重要因素。按照国内轨道交通目前的车辆配置数，在国际上与其他城市相比，相当于仅用 1/3～1/2 的运能来承担其他城市同样的运量。尽管已想方设法挖潜增能，但运能与运量的矛盾仍十分突出。

2. 运营设施设备不到位，制式不一致

运营设施设备尚未完全到位，如有些城市建设的线路仍处在试运营阶段，车辆、自动信号系统尚在调试运行中。车辆、信号、自动售检票系统等既有的运营设施设备在制式上不统一，不兼容，而且备品备件又不通用，既对安全运营增添了难度，又增加了运营成本。部分设施设备投用时间较长，设施设备老化问题比较严重，车辆等已经进入大修。

3. 已经交付运营线路潜在安全隐患对运营安全带来很大压力

由于各种因素，个别已交付的运营线路存在着边运营边对安全隐患进行整改的状况。

4. 外部因素对运营安全造成很大影响

许多在建、新建、改建工程对轨道交通正常运营带来影响。恐怖袭击对轨道交通正常运营构成较大威胁。自然环境诸多因素会影响轨道交通运营安全。

5. 新线设计、建设中的一些问题不能满足运营需求

实际上在轨道交通设计、建设中还缺乏一些需严格执行的规范标准。

四、轨道交通系统安全保障面临的困难与挑战

虽然城市轨道交通的安全性与可靠性要远高于其他交通方式，但由于城市轨道交通系统

的运营工作牵涉城市千百万乘客安全正点出行，所以必须不断地研究和提高整个系统的安全性与可靠性水平。城市轨道交通系统是人-机-环境三方面相互作用的包含多种专业设备（设施）的结构非常复杂的客运系统，它的安全性与可靠性不仅要在规划、设计、建造时给予充分考虑，而且在运营管理中也要不断研究、改进和提高；不仅要考虑单个设施（设备）的安全性与可靠性，还需要从系统的角度整体研究其安全性与可靠性问题，发现各种潜在的不安全因素和故障模式，为整个系统的安全运营管理工作和设施（设备）改造计划提供理论依据。对于我国城市轨道交通系统的安全性与可靠性研究，目前无论是理论研究还是应用实践层面，均尚未形成完整的体系。

1. 运能与运量的矛盾相当突出

轨道交通快速增长的客流，以及受车辆总量不足、采购滞后、设施设备不到位等客观条件制约造成的运能"瓶颈"，对运营安全带来较大隐患，成为困扰城市轨道交通运营安全的一个重要因素。按照国内轨道交通目前的车辆配置数，在国际上与其他城市相比，相当于仅用 $1/3 \sim 1/2$ 的运能来承担其他城市同样的运量。尽管已想方设法挖潜增能，但运能与运量的矛盾仍十分突出。

2. 运营设施设备不到位，制式不一致

运营设施设备尚未完全到位，如有些城市建设的线路仍处在试运营阶段，车辆、自动信号系统尚在调试运行中。车辆、信号、自动售检票系统等既有的运营设施设备在制式上不统一，不兼容，而且备品备件又不通用，既对安全运营增添了难度，又增加了运营成本。部分设施设备投用时间较长，设施设备老化问题比较严重，车辆等已经进入大修。

3. 已经交付运营线路潜在安全隐患对运营安全带来很大压力

由于各种因素，个别已交付的运营线路存在着边运营边对安全隐患进行整改的状况。

4. 外部因素对运营安全造成很大影响

许多在建、新建、改建工程对轨道交通正常运营带来影响。恐怖袭击对轨道交通正常运营构成较大威胁。自然环境诸多因素会影响轨道交通运营安全。

5. 新线设计、建设中的一些问题不能满足运营需求

实际上在轨道交通设计、建设中还缺乏一些需严格执行的规范标准。

任务二　城市轨道交通安全管理的方针及原则

一、城市轨道交通运营安全特性

城市轨道交通有别于城市道路交通的特点：容量大、运行准时、速达、安全、利于环境

保护、节省土地资源等。

城市轨道交通系统按照轨道建筑物在城市内所处的空间位置、能够满足的运量大小、运行方式、轨道结构、治理方式的不同，划分为地下铁道、现代有轨电车、单轨交通、小型地铁以及轨道新交系统。

城市轨道交通运营安全除了具有一般企业安全管理问题的普遍性外，还具有其自身的特性，主要表现在：

1. 城市轨道交通运营安全影响重大

由于城市轨道交通行业的快速发展，其在城市公共交通中占有的比重也越来越大，城市轨道系统运营中一旦发生事故，就会影响到整条线路乃至整个线网，导致运营中断，必然会对整个城市的地面交通造成巨大压力，直接影响到社会生产、人民生活和社会安定。例如，2015年8月12日23点，天津市滨海新区天津港的某公司危险品仓库发生火灾爆炸事故，造成100多人死亡，700多人受伤，同时造成天津轻轨某线车站被毁，调度中心受爆炸冲击设备损害无法使用。至2015年12月线路才只恢复运行到钢管公司站，给广大市民的出行带来极大的影响。

2. 城市轨道交通运营安全涉及面广

城市轨道交通运营生产活动都是在地下、地面、高架等复杂的运行条件下进行，外界自然环境、社会环境以及城市轨道交通运营系统内部环境等多方面的因素对运营安全的干扰和影响较大。城市轨道交通运营系统由车辆、供电、通信、信号、线路、机电设备、工作人员、乘客、周边环境等众多因素组成，犹如一架庞大复杂的联动机，其中任何一个环节出现问题，都可能危及运营安全。同时城市轨道交通又是城市交通系统的重要组成部分，道路交通出现拥堵等状况也会波及轨道交通系统；而轨道交通一旦出现停运，道路交通将不堪重负。一个部门、一个环节出了问题都会影响其运营安全。特别是行车安全方面更为突出。如果一个地方发生行车重大、大事故，就会影响一线、一片，甚至波及整个运营生产。例如，2013年9月16日，北京地铁4号线上午7时35分，因信号故障，地铁10号线角门西站西北换乘口封闭；7时44分地铁10号线海淀黄庄站西南、东南换乘口封闭；7时55分地铁2号线宣武门站、9号线国家图书馆站换乘口封闭。此时正是周一上班早高峰，部分乘客被困地铁站超1h。地铁工作人员请乘客改乘地面交通工具，由于换乘地面交通工具的乘客较多，造成海淀黄庄北公交站大面积乘客滞留。

3. 城市轨道交通运营安全受外界环境影响较大

城市轨道交通系统站点多、分布广，社会治安状况、民众对轨道交通安全知识的了解程度等直接影响运营安全；轨道交通一年四季、每天24h不停地运转，雨、雪、风暴、地震等特殊天气和灾害都影响到城市轨道交通地面、高架线路的运行安全，会影响电动车驾驶员瞭望信号和观察线路情况，稍不注意就可能发生事故；到防洪季节，可能发生塌方落石，或线路、桥梁被毁坏，影响行车安全；到寒冷季节，可能造成运营设备冻坏，影响安全生产；强烈的雷电，可能毁坏或干扰通信、信号设备，也可能影响行车安全等。例如，2016年7月初，武汉遇到特大暴雨自然灾害，武汉地铁2号线、4号线的多个出入口突然进水，部分车站采取临时封闭措施，以防灾害进一步扩大。这次暴雨不仅造成市民无法乘坐地铁出行，还造成许多车站设备被水浸泡，为今后正常运营带来安全隐患。

4. 城市轨道交通运营安全风险大

城市轨道交通系统设备先进、结构复杂，加上行车密度和客流量均较大，行车安全的风险随之增大。例如纽约大都会运输署（MTA）称，2014年5月2日早晨10时24分左右（纽约时间），纽约地铁F线一辆开往曼哈顿和布鲁克林方向的列车在地下发生脱轨事故。这辆地铁列车载有1 000名左右乘客，当列车行至纽约皇后区65街地铁站向南大约1 200 ft（1 ft=0.304 8 m）的地点突然发生脱轨事故。当局表示，这列列车共有8节车厢，其中中间的6节车厢脱出轨道，列车车头和车尾的车厢还在铁轨上。脱轨事故导致乘客19人受伤，其中4人伤势严重，被迫实施区间清客，上千名乘客被紧急疏散。

5. 城市轨道交通运营是动态加工，时间因素对安全影响大

城市轨道交通运送乘客是通过列车使其发生位移，把他们运送到目的地的。由于行车的密度大，列车运行间隔时间短，因此，在作业时要求有关人员特别注意时间因素，要做到分秒不差，准确无误，才能确保运营安全。否则，一分一秒之差，可能导致重大、大事故，造成不可挽回的损失。

6. 城市轨道交通是现代化交通工具，安全技术性强

城市轨道交通是城市现代化的交通工具，设备先进，结构复杂，因而，技术性很强。各种车辆、车站设备，调度设备，通信、信号设备，养路机械、修车设备等等结构复杂，要求有相应的安全技术措施和有关技术知识。因此，各类操作人员都必须经过培训和严格考试合格后才能任职。只有这样，才能确保安全生产。

二、轨道交通运营安全的意义

1. 安全是城市轨道交通运营适应经济和社会发展的先决条件

城市轨道交通作为一种新型的公共交通方式，在城市交通系统中起到了重要的作用。它更好地解决了城市传统交通方式——道路交通所存在的土地受限、道路拥堵、尾气污染、噪声污染等一系列问题，为城市居民的出行带来了极大的便利，也越来越多地被市民所接受，为城市发展带来了更大的潜力，已经成为一座城市的名片和城市文化的象征。在很多城市，往往是地铁建到哪里，城市的繁荣也就扩展到哪里，经济社会的各种要素就汇聚到哪里。从这种意义上讲，地铁堪称一座城市加速发展的动力机。城市轨道交通运营生产的根本任务就是把乘客安全及时地运送到目的地，因此城市轨道交通运营生产的作用、性质和特性，决定了城市轨道交通运营必须把安全摆在各项工作的首要位置。城市轨道交通运营是一个复杂联动系统的统一运作，所涉及的专业多，自动化程度高，运营安全可靠度要求高，要想实现安全可靠运营，提供快捷、舒适、正点、大客运量服务，安全是基础和保证。

2. 安全是城市轨道交通运营服务最重要的质量保证

城市轨道交通运营安全是运营生产系统运行秩序正常化、乘客生命财产平安无恙、运营设备完好无损的综合表现。城市轨道交通运营生产的意义就在于有计划、有目的、有成效地实现乘客空间位置的移动，其产品质量特性包括安全、准点、高效、便捷和文明服务，其中安全最为重要。如发生在线列车重大伤亡事故，其后果不堪设想。安全第一，质量第一，两个第一并不矛盾。安全第一是从保护生产因素的角度提出的，而质量第一则是从关心产品成果的角度来强调的。安全为质量服务，质量需要安全的保证，生产过程中无论忽视哪一方面，都会陷于失控状态。安全不好，永无宁日，安全是城市轨道交通运营的生命线。

3. 安全是城市轨道交通运营各项工作质量的综合反映

城市轨道交通线路复杂、车站较多、分布密集。运营生产系统是由车辆、车务、工务、供电、机电等专业部门组成，犹如规模庞大的联动机昼夜不停地运转着，作业环境复杂，项目繁多，情况多变。安全工作贯穿于运营生产全过程，涉及每个作业环节和人员。只要有一段路基、一根钢轨、一辆客车的某一关键部件故障，一架信号机发生损坏，一个与运营生产直接有关人员的瞬间疏忽、违章作业、操作失误，就会造成运营事故或人员伤亡。在运营生产过程中，安全是城市轨道交通运营各项工作质量的综合反映。

4. 安全是城市轨道交通事业又好又快地发展的重要保证

为使城市轨道交通运营事业又好又快地发展，必须要有一个稳定的运营安全局面。安全形势不稳，不断发生事故，势必打乱运营秩序，扰乱总体部署，分散工作精力，社会舆论也会反映强烈，使城市轨道交通事业处于被动状态，导致发展失去了重要前提和基础，难以顺利进行。城市轨道交通运营企业已经是企业化、市场化运作模式，若要做好市场，就需要确保安全，提高服务质量，树立良好的运营企业形象。城市轨道交通运营安全质量下降，必然会损害企业形象，阻碍或延缓城市轨道交通运营事业发展进程。没有稳定的安全形势，就没有城市轨道交通运营的高效、快捷、便利的优势，就很难发挥城市轨道交通运营的优势，其发展道路必然受阻。

5. 安全是法律赋予城市轨道交通运营的义务和责任

交通运输部《城市轨道交通运营管理规定》2018年7月1日起执行，确立的轨道交通发展顶层设计指导下，以切实保障城市轨道交通安全运行为核心目标，以配套法规政策和标准体系建设为着力点，系统构建城市轨道交通运营管理体系，切实保障城市轨道交通安全运行。实现以法律法规为龙头，部门规章为基础，地方性法规和规章、规范性文件为补充的城市轨道交通运营管理法律体系。

三、城市轨道交通运营安全生产的基本方针与原则

（一）坚持贯彻"安全第一、预防为主"的方针

"安全第一"就是要求轨道交通运营企业在组织生产、指挥生产时，坚持把安全生产作为企业发展的第一要务和保证条件。"预防为主"就是要求城市轨道交通运营企业以主动积极的态度，从思想上高度重视，在组织管理上制度健全，在技术措施上先进科学，从而提高安全保障系统的整体功能，把事故消灭在萌芽状态，做到防患于未然。

1. 牢固树立"安全第一"的思想

树立"安全第一"的思想就是要求在进行轨道交通生产各部门、各单位、党政工团各级组织，强化安全意识，端正指导思想，坚持安全第一，把安全生产列入重要议事日程，把安全工作放在一切工作的首位，把安全作为交通运输工作的永恒主体，作为头等大事来抓，做到在任何情况下，安全第一不动摇。特别是各级领导干部对安全生产要认真做到思想上第一，工作上落实，责任到位，制度上保证，设备上可靠，作风上适应，常抓不懈，持之以恒。

2. 坚决贯彻职工预防为主的方针

贯彻"预防为主的方针"就是要经常按规定进行安全检查，建立安全工作制度；安全工作要有标准，有规范；要贯彻安全生产责任制，并与经济利益挂起钩来；对重大的经济决策和重大的工程项目，必须有安全生产措施和劳动保护的内容；推广先进的安全管理技术，以达到预防事故发生的目的。

（二）坚持"管生产必须管安全"的原则

实践证明，安全是伴随生产活动而出现的。城市轨道交通运营的安全工作，不同以往，在现代交通运输企业里，随着分工越来越细，管理工作越来越复杂，造成了安全与生产在组织上和职能上的分化。因此，安全需要企业各级领导和各职能部门共同努力才能实现。上下左右之间，哪个环节衔接不上，都会妨碍安全生产的实现。所以，各部门，各职能科室，都应在各自的业务范围内，对实现安全生产的要求负责。

要落实"管生产必须管安全"的原则，就要把生产与安全真正统一起来，关键是建立各级安全生产责任制。这个制度是企业各级领导职能部门、有关工程技术人员和生产工人在生产中应对安全负责的一种制度。

四、城市轨道交通运营生产与安全的关系

城市轨道交通运营组织即为城市轨道交通系统的产品,产品实现的过程——城市轨道交通运营组织过程即为城市轨道交通系统的生产过程。城市轨道交通运营组织过程中的首要任务是确保安全，也就是"安全第一，先保安全，再保运营""运营生产必须安全"。城市轨道交通运营行业在国内是一个新兴行业，也是以市场化运作，客流是企业化、市场化运作的必保证。要想赢得客流，就必须将其"安全、舒适、高效、快捷"等特性全面体现。首先是安全，只有确保安全，乘客才会依赖轨道交通，所以"运营安全促进运营生产"。无论从国家法律到地方法规、城市条例、规定等，都体现了"城市轨道交通运营 组织过程中，管生产必须管安全"的原则，所以城市轨道交通运营安全与生产是辩证统一的。城市轨道交通运营组织在市场化、企业化运作过程中，必然存在经济利益与安全投入相互影响，例如车站清洁与乘客安全、列车卫生与乘客安全、维护检修与运行安全等存在矛盾性和统一性，所以城市轨道交通运营安全与生产又存在矛盾统一性。

五、城市轨道交通运营安全管理的对策

随着城市轨道交通的飞速发展，为提高城市轨道交通的安全，有效减少事故的发生和降

低事故损失，结合世界各国城轨建设及运营的经验，城市轨道交通运营安全管理的对策重点：

（1）必须牢固树立安全第一的指导思想。城市轨道交通系统一般都处在地下或高架桥上的半封闭空间里，环境封闭、空间狭小、人员和设备高度密集，一旦发生灾害等破坏，人员疏散和救援困难，处置不当将产生巨大的人身和财产损失，对社会经济和生活造成重大影响，破坏和影响人们对生活的信心。正是由于城市轨道交通灾害的特殊性，建立安全评估体制，提高轨道交通系统抵抗重大事故和灾害的能力，确保轨道交通的安全，包括城市轨道交通设计安全、建设安全和运营安全，已成为城市轨道交通建设和运营的核心内容。

（2）建立风险分析的安全理念。以城市轨道交通安全标准为依据，以 RAMS 风险分析理论和方法为基础，与独立第三方安全评估机制相结合，构成了城市轨道交通安全的新理念。利用风险识别、风险分析和降低风险措施的研究方法，可以防止和减少事故的发生，降低事故带来的损害程度。不但可以保证产品设备的安全，还可以在城市轨道交通全寿命周期范围内，保证轨道交通系统的安全。

（3）建立城市轨道交通事故报告制度。目前，国内城市轨道交通建设正处在快速发展阶段，由于发展速度快，一些城市几条线路同时在施工，出现边设计、边施工的现象，一些城市提出赶进度、赶工期的不切实际的要求，加之前期调查研究不足等原因，国内轨道交通施工和运营事故时有发生。为了更好地了解事故发生情况、严重程度、事故原因、修复改正处理情况等，应建立事故报告制度，不应出现瞒报、少报、谎报等现象，以便上级主管部门及时了解城市轨道交通事故的情况。

（4）建立独立第三方安全评价体制。为确保城市轨道交通在全寿命周期范围内的安全，应建立城市轨道交通安全的外部监督机制，根据国外安全方面经验，应建立适合我国国情的独立第三方安全评价体制，利用安全评价消除安全隐患，确保城市轨道交通产品的安全，城市轨道交通各阶段、各子系统的安全，以及轨道交通设计、施工和运营全过程的安全。

（5）强化城市轨道交通安全基础研究。在城市轨道重大事故和灾害调研基础上，研究不同事故和灾害的发生原因、产生机理、损害特征和救援方法。城市轨道交通在不同事故和灾害下，应有不同的设计原则和防灾标准。特别是轨道交通最易发生、损害最大的火灾、地震、水害、大风等重大事故和灾害，轨道交通应具备抗风险及重大事故的能力，具备防止和减少危害、有害因素的措施和方法。

（6）加快城市轨道交通安全救援产品和设备研发。为给城市居民提供安全、安心的出行乘车条件，城市轨道交通还应对重大事故、灾害、恐怖袭击情况发生时所需的救援设备和设施、工作人员及乘客个人防护设备进行开发研制，尽可能地降低损失。

任务三　城市轨道交通工程施工管理

一、安全管理在施工过程中的地位和作用

城市轨道交通安全工程，是影响城市轨道交通安全建造与安全运营的全部工作的总称。

在城市轨道工程施工中，安全才能生产、生产必须安全。由于施工企业生产设备的临时性，工作环境的多变性，人机作业的流动性，都存在着多种危险因素，直接从事施工操作的人和相关人员随时随地活动于危险因素包围之中。做好安全管理工作，实现安全生产是工程施工的核心，是工程顺利的基础，是工程效益的保障。

城市轨道工程安全生产管理，应贯彻"安全第一、预防为主、综合治理"的方针。

始终把安全放在首要位置。千方百计预防事故的发生，做到防患于未然，将事故消灭在萌芽状态。标本兼治，重在治本：思想认识，制度保证，技术支撑，监督检查，事故处理。

从事城市轨道交通工程建设活动必须坚持先勘察、后设计、再施工的原则，严格执行基本建设程序，保证各阶段合理的工期和造价，加强全过程安全质量风险管理。

二、城市轨道工程施工特点

城市轨道工程与一般工程相比，受不可预见的水文地质条件、社会环境、等多方面不可抗拒因素的影响比较重，使得地铁工程成为高风险的工程建设项目之一。地铁建设项目具有投资大、工期长、技术复杂等特点，其土建施工过程中容易受到多种因素的影响，存在着较大的施工风险。

地铁工程建设类型复杂不仅包括地下工程还包括地面工程，甚至一些轨道工程也包括在内，但地下工程比重比较高，且地下发生事故约占施工整个过程的九成以上。地铁工程建设的地下工程不仅涉及水文因素，还涉及地质因素。地下施工时会涉及岩土工程，而岩土结构会受到地质条件以及地应力场的影响，因此岩土体的工程施工复杂，且不确定因素过多，控制难度大而且具有很强的区域性特征。地铁工程周边环境复杂，地下环境存在大量管线，如电力管线、燃气管、排水管等，还需穿越河流、桥梁、铁路，进而增加了地铁工程建设项目的风险性。

三、城市轨道施工的安全管理

广义的施工管理是指工程修建过程中的组织管理和技术管理工作。

车站运营施工管理是指地铁已开通运营或将即将开通运营时，车站管理人员对车站及区间范围内，地铁内外单位施工计划的安全管理及施工结果确认。

城市轨道的维修施工作业具有时间短、要求高、作业时间相对集中、绝大部分为源文件作业等特点，必须科学合理地组织时间和空间的立体化施工作业，要求有关部门密切配合，最大限度地利用较短的施工时间，良好地完成施工任务，确保设备安全、可靠运行。

城市轨道交通的维修施工作业原则上安排在运营结束后的非运营时间内进行，并在运营开始前预留 40 min 作为运营前的准备时间。

在运营中遇行车设备故障影响列车不能继续运行时，须组织抢修施工，并应遵循"先通后复"的原则。对故障设备临时处理恢复行车后，维持运行到运营结束后再对该设备进行全面修复。

行车的安全，在很大程度上取决于施工安全。做好施工安全工作，确保行车设备、设施维修保养符合技术要求，才能使城市轨道交通顺利开展运营。一旦施工安全出了问题，将会给人民生命财产造成损害，给国家和企业财产造成严重损失，使城市轨道交通运输的秩序紊乱，严重影响乘客出行。因此，要高度重视施工安全工作，为城市轨道交通的安全运营打下良好的基础。

为提高维修、施工的效率，保证设备维修质量，确保维修和施工的安全，要成立有效的施工管理组织，加强对维修、施工作业的管理：

（1）组织度工程施工方案进行审核。

（2）协调各单位的作业计划。处理作业计划变更事宜，跟进作业计划实施情况。编制、发布施工行车计划。

（3）组织对工程质量进行检查和验收。

（4）组织对外单位人员进行轨道施工安全培训。

（5）定期对施工一个字的开展情况进行分析、总结，并有针对性地改进工作。

四、施工安全行为

1. 一牢记

安全在我心中，时刻牢记。

2. 两不动

（1）对正在使用中的设备未经授权的不动。

（2）对设备性能、状态不清楚的不动。

3. 三懂三会

（1）懂设备结构，会使用。

（2）懂设备性能，会维修。

（3）懂设备原理，会排除故障。

4. 四不放过

（1）事故原因没有查清不放过。

（2）事故责任者没有严肃处理不放过。

（3）广大员工没有受到教育不放过。

（4）防范措施没落实不放过。

5. 五注意

（1）注意警示标志，谨防意外。

（2）注意扶梯运行，谨防夹伤。

（3）注意地面积水积油，谨防滑倒。

（4）注意高空坠物，谨防砸伤。

（5）注意设备异常，及时发现排除故障，谨防酿成事故。

6. 六必须

（1）必须坚守工作岗位，遵章守纪。

(2)必须正确使用劳保防护用品。
(3)跨越线路必须一停二看三通过。
(4)施工前后必须做好防护、清理现场、出清线路。
(5)堆放物品必须整齐牢固。
(6)发现违章操作必须坚决加以制止。

7. 七不准

(1)不准在线路附近舞动绿色、黄色、红色物品。
(2)不准在站台边缘与安全线之间坐卧、行走、堆放物品。
(3)不准发出违章指令。
(4)不准在行车场所追逐打闹、打架斗殴。
(5)不准使用有安全隐患的工具、设备。
(6)不准臆测行事。
(7)不准当班饮酒、看报纸杂志、聊天、打盹。

8. 八严禁

(1)严禁擅自跳下站台和进入隧道。
(2)严禁携带易燃易爆剧毒等危险物品进站、乘车。
(3)严禁上下在行驶中的车辆。
(4)严禁擅自进入行车部位和重要设备场所。
(5)严禁擅自触动机械、设备、设施。
(6)严禁攀登到机车、车辆和车载货物顶部。
(7)严禁擅自移动、改换防护装置、警示标志。
(8)严禁顺着线路行走,走道心、枕木头、脚踏轨面和道岔尖轨。

五、施工人员安全防护规定

(一)安全通用标准

(1)横过车辆段及地面站线时,应一停、二看、三通过。禁止爬乘行驶中的机车和列车,禁止从行驶的机车和列车上跳下。禁止抢道、抓车、钻车,徒手在停留列车、车辆前部或尾部通过时,应与其保持3 m以上的安全距离。
(2)禁止在钢轨、枕木和车辆下部休息。
(3)当行人持有木棒、竹竿、彩旗等高长物件通过道口走近接触网下,不准高举挥动,应使物件保持水平状态走过道口。
(4)维修作业人员在生产作业过程中,了解故障要做到三清:时间清、地点清、原因清;维修作业要做到三不离开:发现异响异声的,不查明原因的不离开,影响正常使用的设备未修好的不离开,检修完不复查试验好不离开。
(5)凡进行危险性较大、影响行车和人身安全的作业,必须事先拟定安全技术措施计划,经有关部门审定批准后,由施工负责人组织施工,现场要安排专人做安全防护工作。

（6）未经调度命令，未经车站清点登记，不得擅自进入隧道或区间作业。在隧道或区间作业时，应穿荧光服，作业区域放置红闪灯。作业前后，作业负责人应清点作业人数，以防人员遗漏在作业区内。

（二）轨行区作业安全

在轨行区作业时，要做到：

（1）在站内作业时，要注意瞭望列车的运行，可根据站场线路布置建立临时安全岛；在岔群处以及瞭望困难处作业，应安排专人防护。

（2）在区间道床上行走或作业时，应不断前后瞭望；经批准在正线上作业时，应安排专人防护。

（三）接发列车及调车作业安全

（1）当区段内接触网停电接地时，不得向区段接发电客车；当司机发现接触网异常或故障时，要立即停车和降下电弓。

（2）在带电的接触网的线路上进行调车时，禁止登上敞车行走或使用手制动；平板车上使用手制动机时，不准踏在高于手制动机踏板台的车帮上或货物上。

（3）两辆带受电弓的客车（车厢）之间，沿线路方向的距离不得少于 22 m，以避免导线抬高量超出线岔标准范围，造成打弓、钻弓事故的发生。

（4）车辆运输中，装载货物最高点与接触网带电体距离不得少于 220 mm，否则需停电通过。

（四）电气化铁路施工安全

（1）除专业人员按规定作业外，任何人所携带的物件（包括长杆、扶梯等）与接触网带电部位，需保持 1 m 以上的安全距离。

（2）在距接触网带电部位不到 1 m 的建筑物上作业时，接触网必须停电，并按照下列规定办理：

① 施工领导人要通过车辆部向电力调度员提出接触网停电申请，申请中应明确指出施工地点、施工所需时间、施工开始时间及作业特点；计划性作业，施工部门（单位）应提前一周提出申请，只有在接到由 OCC 确认的"进场作业令"，并接到站控室或车厂调度员处办理清点手续，且要有接触网工段指定的接触网工安设临时接地线之后，方可开始施工。

② 施工时由接触网工或操作员做好安全防护措施，对于可能会直接影响电气设备的作业，则必须有接触网工或操作员在场监护，施工领导人必须听从其指导。

③ 施工结束，接触网工或操作员接到施工负责人收工指令后，要确认所有施工人员都已在安全地点之后，方可拆除临时接地线，并通知电力调度员或该部门调度员，告之施工已经结束，在拆除临时接地线之后，严禁再进行施工。

（3）在距离接触网带电部位 1~2 m 的导线、支柱、房顶及其他设施上施工时，接触网可不停电，但要有接触网工在场监护。发现接触网断线及其部件损坏，或在接触网上挂有线头、绳索等物，均不准与之接触，要立即通知有关部门派人处理；在检修人员没有到达之前，要有人现场监护，任何人员均应距已断导线接地处 10 m 以外。

（4）在接触网支柱及接触网带电部位 4 m 范围以内的金属结构上，必须装设接地线。天桥及跨线桥靠近跨越接触网的地方，必须设置安全栅网。悬挂有接触网或与接触网相连的支柱及金属结构上，当接地线损坏时，禁止与之接触。支柱及金属结构的接地线，应由接触网工装设；当更换钢轨或进行养路工作需设临时接地线时，应由接触网工装设。

（5）装卸作业和押运作业安全：在带电的接触网下，不准进行机械装卸作业，不准用长杆等物测量货物装载高度接近接触网的作业。装卸作业如需要在接触网的线路上装卸货物时，应按程序办理停电手续，在作业中严禁碰接触网设备。押运、随车装卸人员，在进入接触网的区段内，禁止坐在车顶上、作业平台上、装载的货物上。装载车在进入电气化区段前，押运人员应仔细检查货物装载情况，不可有超出限界的突出物，对飘动的篷布、绳索应予以紧固。

（6）使用梯子时，不准垫高使用，梯子与地面之间的夹角以 60°为宜。在配电房内搬运梯子、管子时，应由两人放倒搬运，并与带电设备保持足够的安全距离。在带电设备附近工作时，禁止使用金属卷尺测量；削电线线头时，线头要向外，不能过猛，防止削到手上。

（7）行灯电压不能超过 36 V，在金属容器及潮湿场所的电压不能超过 12 V。电钻或电镐等手持电动工具，在使用前应采取保护性接地或接零的措施。各种设备、仪表的漏电保护器、熔断器及其他保护装置，应符合有关技术标准，不准任意改动，并定期检查测试。

（8）雷雨、暴风时，禁止在电杆上作业；正在打雷时，禁止修理避雷器、地线。

（五）作业场地安全

（1）作业中要保持场地整洁，通道畅通，配件、原材料、工器具要堆放整齐。作业结束后，要关闭风、水、电、气等开关，工具、材料要收拾整齐，清扫、整理现场环境，周密检查，做到工完、料净、场地清，方可离开。

（2）设备房、机房应保持清洁，通风良好，禁止烟火，并做防火灭火工作。
① 室内应备有灭火器材，按检修周期进行巡视，发现异常，及时报告，妥善处理。
② 室内不得存放易燃、易爆物品，不得用易燃油擦洗地面和设备。
③ 禁止用汽油、酒精等易燃液体擦洗运用中设备的电气接点。

任务四　施工现场重大危险源卡控措施

一、危险源：高处坠落

（一）高处坠落事故发生原因

（1）高处作业未按规定系好安全带或安全带未高挂抵用。
（2）施工现场临边防护不到位。
（3）工人操作时麻痹大意。
（4）施工人员患有不适宜高处作业的疾病，如高血压、心脏病、癫痫等。

（5）安全防护用品质量不合格，不符合使用要求或不按规定使用。

（二）卡控措施

（1）从事高处作业人员，要进行安全教育，提高安全意识。
（2）戴好安全帽，系好安全带。
（3）高处作业点下方不得有人逗留，工作中严禁上下抛掷工具和材料。
（4）严禁用绳索、软线、链条等代替安全带。
（5）距离坠落面高度超过 2 m 的临边作业同样应视为高处作业，要设置警告标志。
（6）大雨和六级以上大风时，应停止高处露天作业、缆索吊装及大型构件起重吊装等作业。
（7）高处作业人员严禁穿硬底鞋施工作业。
（8）在搭设脚手架时必须设置好剪刀撑，脚手架顶部必须设置临边护栏，移动式脚手架作业时底部万向轮必须处于锁止状态。双排式脚手架无制动固定措施或脚手架高宽比大于 2。

二、危险源：触电

（一）触电事故发生的原因

（1）缺乏安全用电知识。
（2）用电设备安装不合格。
（3）用电设备漏保损坏或未接 PE 线。
（4）违反操作规程作业。
（5）非电工人员玩弄或操作带电设备。
（6）其他偶然因素，如行走时触碰到断落到地面的带电导线。

（二）施工安全用电三项原则

JGJ 46 第 1.0.3 条：建筑施工现场临时用电工程专用的电源中性点直接接地的 220/380 V 三相五线制低压电力系统，必须符合下列规定：

1. 采用三级配电系统

三级配电系统指施工现场从电源进线开始至用电设备之间，经过三级配电装置配送电力，即由总配电箱（一级箱）或配电室的配电柜开始，依次经由分配电箱（二级箱）、开关箱（三级箱）到用电设备。这种分三个层次逐级配送电力的系统就称为三级配电系统（见图 2-1）。

分级分路规则：

（1）从一级总配电箱（配电柜）向二级分配电箱配电可以分路。即一个总配电箱（配电柜）可以分若干分路向若干分配电箱配电。
（2）从二级分配电箱向三级开关箱配电同样也可以分路。即一个分配电箱也可以分若干分路向若干开关箱配电。
（3）从三级开关箱向用电设备配电必须实行"一箱一机一闸一漏"制：每台用电设备必

须有其独立专用的开关箱，不存在分路问题。即每一个开关箱只能连接控制一台与其相关的用电设备，包括一组不超过30A负荷的照明器。

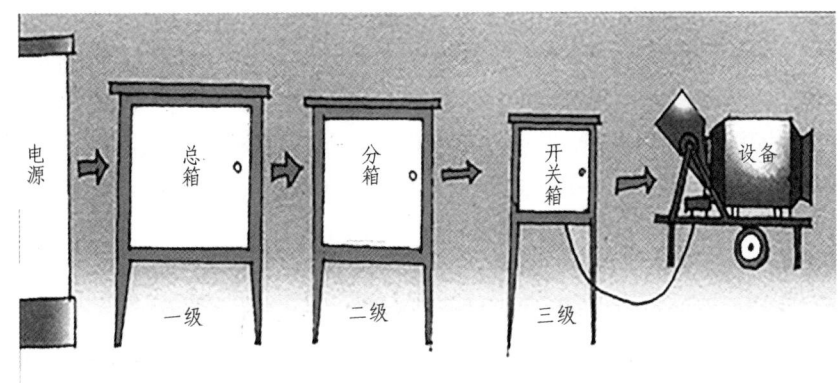

图 2-1 三级配电系统

2. 采用 TN-S 接零保护系统

TN-S 系统：工作零线与保护零线分开设置的接零保护系统。

T——电源中性点直接接地。中性点是指变压器低压侧的三相线圈构成星形联结，联结点称中性点，又因其点为零电位，也称零线端，一般的零线就从此点引出的。中性点接地后，所有该电网覆盖面的设备接地保护线可就近入地设置为地线，一旦出现漏电可通过大地传导回路到变压器中性点，以策安全。

N——电气设备外露可导电部分通过零线接地。

S——工作零线（N线）与保护零线（PE线）分开设置的系统。

3. 采用三级漏电保护系统

采用三级漏电保护系统是指在施工现场基本供配电系统的总配电箱（配电柜）、分配电箱、开关箱三级配电装置中（注意），设置漏电保护器。其中，总配电箱（配电柜）中的漏电保护器可以设置于总路，也可以设置于各分路，但不必重叠设置。

实行分级、分段漏电保护原则。实行分级、分段漏电保护的具体体现是合理选择总配电箱（配电柜）、分配箱、开关箱中漏电保护器的额定漏电动作参数。

（三）用电卡控措施

（1）施工所用电气设备绝缘必须良好，不得出现有裸露带电电线及电气设备，一级箱要设围栏、护网、箱、闸等屏护设栏设施。

（2）施工用电的线路及设备，应按施工组织设计安装设置，并符合临时用电规范。

（3）严禁将电线线路搭靠或固定在机械、栏杆、钢管、扒钉等金属件上。

（4）手持电动工具应由专人管理，手柄绝缘良好，凡不符合要求的机具严禁使用。

（5）施工现场工程和生活用电要统一规范，布局合理，并保持接地装置可靠，做到"三级控制"，"两级保护"。

（6）电焊机必须接地，电焊机用毕必须切断电源。

（7）装接与撤除接地线时作业人员必须戴绝缘手套，穿绝缘靴和设监护人。

（8）总配电箱和开关箱中漏电保护器的极数和线数必须与其负荷侧负荷的相数和线数一致。

（9）对配电箱、开关箱进行定期维修、检查时，必须将其前一级相应的电谭隔离开关分闸断电，并悬挂"禁止合闸、有人工作"停电标志牌，并设专人看护，严禁带电作业。

（10）配电箱、开关箱必须按照下列顺序操作：送电操作顺序为：总配电箱—分配电箱-开关箱；停电操作顺序为：开关箱—分配电箱—总配电箱，但出现电气故障的紧急情况可除外。

（11）每一台电动建筑机械或手持式电动工具的开关箱内，除应装设过载、短路、漏电保护电器外，还应装设隔离开关或具有可见分断点的断路器。

（12）临时用电工程应定期检查，定期检查时，应复查接地电阻值和绝缘电阻值；在 TN 系统中，保护零线每一处重复接地装置的接地电阻值不应大于 10Ω。

（13）TN 系统中的保护零线除必须在配电室或总配电箱处做重复撞地外，还必须在配电系统的中间处和末端处做重复接地。

（14）每一接地装置的接地线应采用 1 根及以上导体，在不同点与接地体做电气连接；不得采用铝导体做接地体或地下接地线。垂直接地体宜采用角钢、钢管或光面圆钢，不得采用螺纹钢；接地可利用自然接地体，但应保证其电气连接和热稳定。

（四）触电急救要求

（1）立即切断电源。发现者或救护者要沉着冷静，不要慌张。用干燥的木棒、竹竿、带绝缘把手的物器或绝缘工具，将电线（带电体）挑开或将总开关关闭，使触电者脱离电源，与带电体分离。挑开的电线（带电体）应放置妥当，以防再次触电。如果触电现场比较潮湿，救护者应注意先保护好自己，再实施救援。

（2）在切断电源的同时，要有救护者应穿上胶底鞋或站在干木板上再去救援，做好防止触电者脱离电源后摔伤的措施。

（3）触电者被救后，应迅速观察其呼吸、心跳情况。呼吸停止者应施行人工呼吸，对心跳停止者施行胸外心脏挤压术。呼吸、心跳都已停止者，人工呼吸和挤压式同时进行。在触电者未复苏和医护人员未到之前，一定要坚持不懈地抢救。当触电者心跳恢复后，千万不能随意搬动，以防室颤再次发生，应等待医护人员到达或伤者完全清醒后再搬动。

（4）在处理电击伤时，还应注意有无其他损伤，应对伤口进行早期清创处理，创面宜暴露，不宜包扎，以防坏死组织腐烂、感染。由于电击伤有深部组织的坏死，较热烧伤更容易发生破伤风，必须注射破伤风抗毒素。

三、危险源：火灾

（一）发生火灾事故的原因

（1）电气因线路老化或用电功率过大造成的火灾。
（2）动火作业区域附近堆放有易燃易爆品。
（3）动火区域未按要求配备灭火器材。
（4）工人在施工现场吸烟乱扔烟头。

（5）生活区工人卧床吸烟或私自改造电气线路。

（二）卡控措施

（1）认真做好防火知识教育，提高干部、员工、临时工的防火意识。

（2）三级动火必须严格审批手续，非持证焊工不得进行动火作业，动火作业区域不得存放有易燃易爆品，并配备好足额的灭火器材。

（3）施工现场不得抽烟。

（4）施工现场、生活区必须配备足额灭火器，并按要求50 m设置一处临时消火栓。

（5）施工区、生活区必须保证消防通道通畅，严禁在消防通道上堆放杂物。

（6）电工人员应定期检查电气线路，防止因线路老化而产生的火灾事故发生。

（7）宿舍区严禁使用大功率电器，如电磁炉、电热毯、热得快等。

四、危险源：设备吊装

（一）发生吊装安全事故的原因

（1）违章指挥或违反操作规程作业。

（2）超负荷吊装作业或吊机机械故障。

（3）吊机钢丝绳或布带不合格。

（4）吊点问题，如单点起吊等。

（5）6级及以上大风或其他恶劣天气因素。

（6）起吊时吊车支腿未伸到位。

（7）吊装时吊速过快或无专人指挥或指挥人员过多。

（8）乘坐吊机升降。

（9）吊装方案错误或无吊装方案。

（10）相关人员无证操作。

（二）卡控措施

（1）吊车工、指挥人员要了解起重机械性能，并检查钢丝绳是否存在断丝情况，如1个捻距内断丝与钢丝总断面之比达到10%时必须更换，根据现场吊装环境选择钢丝绳或其他起吊。

（2）吊车进场停稳后必须将支腿伸到位，防止因支腿不稳而造成的吊车倾覆事故。

（3）起吊前应检查附近有无高压电缆线。当附近有高压缆线时必须保持安全距离：电缆线小于1 kV时水平安全距离为1 m，垂直安全距离为1.5 m；电缆线为1~15 kV时水平安全距离为1.5 m，垂直安全距离为3 m；电缆线为20~40 kV时水平安全距离为2 m，垂直安全距离为4 m；电缆线为60~110 kV时水平安全距离为4 m，垂直安全距离为5 m；电缆线为220 kV时水平安全距离为6 m，垂直安全距离为6 m。

（4）在吊装开始前必须组织监理单位对起吊环境进行检查，并对相关人员的特殊工种证件进行审核，在确认没有问题后由监理单位签发吊装令。严禁无令吊装。

（5）起吊前必须进行试吊作业，将起吊物吊起离地面15~20 cm，悬停5~10 min，在确认吊车起吊性能良好后方可进行吊装作业。

（6）起吊时必须设专人指挥，指挥人员必须持有司索工证。

（7）司机、起重工、司索工持证上岗。

（8）吊装人员应戴安全帽。

（9）严禁起重臂和吊物下方有人停留、工作或通行，严禁人员乘坐或利用起重机械载人升降，严禁在六级及以上大风天气或大雾、暴雨、大雪等恶劣天气下进行吊装作业。

五、危险源：三宝四口五临边

（一）发生安全事故的原因

（1）不带"三宝"：安全帽、安全带、安全网。

（2）"四口"无防护：在建工程的预留洞口、电梯井口、通道口、楼梯口。

（3）"五临边"无防护：在建工程的楼面临边、屋面临边、阳台临边、升降口临边、基坑临边。

（二）卡控措施

1."五临边"防护

（1）防护栏杆应由上、下两道横杆及栏杆柱组成，上杆离地高度为 1.0~1.2 m，除经设计计算外，横杆长度大于 2 m 时，必须加设栏杆柱。

（2）栏杆柱的固定应符合下列要求：

当在基坑四周固定时，可采用钢管并打入地面 50~70 cm 深。钢管离边口的距离，不应小于 50 cm。当基坑周边采用板桩时，钢管可打在板桩外侧。在地铁工程中，车站基坑的周边设挡墙，挡墙上设插入孔，用于安设栏杆立柱，施工过程中会有装与拆的需要，但要及时恢复，以保证临边的安全。当在混凝土楼面、屋面或墙面固定时，可用预埋件与钢管或钢筋焊牢。在楼梯边多采用这种形式。当在砖或砌块等砌体上固定时，可预先砌入规格相适应的 80×6 弯转扁钢作预埋铁的混凝土块，然后用上项方法焊接固定。

（3）栏杆柱的固定及其与横向杆的连接，其整体构造应使防护栏杆在上杆任何处，能经受任何方向的 1 000 N 外力。当栏杆所处位置有发生人群拥挤、车辆冲击或物件碰撞等可能时，应加大横杆截面或加密柱距。

（4）防护栏杆必须自上而下用安全立网封闭，或在栏杆下边设置严密固定的高度不低于 18 cm 的挡脚板或 40 cm 的挡脚笆。挡脚板与挡脚笆上如有孔眼，不应大于 25 mm。板与笆下边距离底面的空隙不应大于 10 mm。

（5）当临边的外侧面临街道时，除防护栏杆外，敞口立面必须采取满挂安全网或其他可靠措施作全封闭处理。

2."四口"防护

（1）板与墙的洞口，必须设置牢固的盖板、防护栏杆、安全网或其他防坠落的防护设施。

（2）电梯井口必须设防护栏杆或固定栅门；电梯井内应每隔两层并最多隔 10m 设一道安

全网。

（3）钢管桩、钻孔桩等桩孔上口，未填土的坑槽，以及人孔、天窗、地板门等处，均应按洞口防护设置稳固的盖件。

（4）施工现场通道附近的各类洞口与坑槽等处，除设置防护设施与安全标志外，夜间还应设红灯示警。

六、重大危险源清单

重大危险源清单，见表2-2。

表2-2 重大危险源清单

序号	重大危险源	可能造成危害	技 术 措 施
1	地下连续墙垂直度超标、接缝错裂、夹泥	导致基坑开挖阶段渗漏、涌土、喷砂	1. 在已完成的槽段接头处，用接头刷连续清洗，直至接头刷无泥土为止，以防止接头处出现夹泥，产生冷缝，引起渗漏。 2. 墙后应预留注浆孔位按设计要求或根据现场情况设置，并密封保护，防止堵塞。注浆扩散半径充分达到设计要求后方可停止，以加强地下连续墙的抗渗功能。 3. 利用成槽机上配备的测斜仪，对成槽过程中出现的偏移进行监测纠偏，并辅以经纬仪进行垂直度跟踪观测，以确保垂直度不大于1/300的要求
2	SMW工法桩桩间有空隙	导致基坑开挖阶段渗漏、涌土、喷砂	1. 每根桩施工前应用水准尺检查导向架和搅拌轴的垂直度，保证桩的垂直度。 2. 控制搅拌桩施工质量主要环节：水泥用量、提升速度、喷浆的均匀性和连续性及施工机械的性能。 3. 相邻搭接搅拌桩应连续施工，施工间歇不得超过24 h
3	盾构施工下穿北环铁路、西减河、外环河涵洞、Z2线徐庄子站—金钟站明挖区间预留风井、津大路、津蓟高速高架桥，侧穿金钟路立交桥、京津塘高速公路桥及匝道桥等建构筑物	地表沉降变形，影响铁路运营、桥梁变形影响交通、盾构始发和接收、开仓风险	1. 施工前对施工人员进行细致的技术交底，对可能出现的情况做到心中有数，重点部位和工序要求精心施工，同时建立地面监测和信息反馈制度。配备足够的机动设备，一旦发生意外情况，在第一时间投入抢险。在始发和接收前，确保盾构性能可靠，同时，配备足够的值班维修人员，及时处理盾构设备的故障，确保施工顺利进行。 2. 若地面变形值达到警戒值或水土流失严重，则采取注浆的方法来确保施工顺利进行。在地面上准备好双液浆材料和聚氨酯，同时在井下也准备好聚氨酯，做好堵漏准备。盾构出洞时，尽快在密封舱建立土压平衡

续表

序号	重大危险源	可能造成危害	技 术 措 施
4	基坑纵向边坡失稳、支撑失稳	滑坡、基坑坍塌	1. 挖土遵循"分层、分段、对称、均衡、限时"的原则，控制好每小段的挖土长度和深度，每段长度控制在 3～6 m，每层开挖深度不大于1 m，开挖过程中注意设置纵坡，保证土体开挖综合纵向坡不陡于1∶1。 2. 明挖土方支撑安装与土方开挖做到紧密配合，遵循"短开挖、快支护、严治水、勤测量、分层分段、先撑后挖"的原则，分段开挖，上层土方开挖完成后立即安装下层支撑，施工加预应力。每段挖土、支撑、施工加预应力的施工时间控制在 12 h 内完成。 3. 土方挖至设计坑底时，严格控制其超挖量，局部超挖部分采用垫层混凝土进行回填，不许用基坑土回填，并及时施工砼垫层，封闭坑底。 4. 基坑放坡处降水至设计要求，坡顶土方及时清理，严禁堆载
5	基坑降水引起周围地面沉降	工程延误、造价增加、影响地面交通	1. 基坑降水由具备相应资质的设计单位进行深化设计，且设计单位具有基坑降水工程业绩。中标后，深化设计方案须按市建交委的规定报送相关部门审批，方案经调整、完善直至审批通过后，方可进行施工。 2. 施工前对降水方案进行验算和专家评估，确保降水实施效果；在进度计划安排中留出充分的降水施工时间，预降水时间不少于15 d。 3. 施工中布设观察井，随时观察地下水位变化情况。根据开挖情况，在保证基坑底稳定的情况下，只开启部分深井，以满足开挖段安全的需要，开井的井位和数量根据基坑开挖施工工况不断调整，按需开井。 4. 施工中加强监控量测，并协同第三方监测，密切关注基坑周边地表沉降变化，发现问题及时采取补救措施。 5. 抽取承压水必须把潜水封在隔水层以上，也就是封井必须严密，如果潜水沿井管周围的空隙被抽掉将引起显著的地面沉降
6	基坑围护结构位移过大，周围建构筑物、管线沉降、断裂	造成基坑坍塌，人员伤亡、工程延误、造价增加	1. 基坑施工开挖实行先撑后挖，跨度较大的基坑中部加设钢格构桩与大直径钢管支撑搭接，以便增强横向支撑的刚度。 2. 重要管线处，在地面采取跟踪注浆措施。在地面埋设注浆管，通过注浆管灌注浆液，然后洗管。仔细监测地面沉降情况，如沉降仍然较大，则应继续注浆，直至地面沉降稳定为止。 3. 施工中加强监控量测，并协同第三方监测，密切关注基坑周边地面、建筑物、管线变化，发现问题及时采取补救措施。 4. 基坑采用分层、分段、分部、对称、平衡的方式开挖，确保基坑开挖各施工分部之间钢架支撑的连接质量，及早封闭。当基底上层与设计不符或扰动、水浸时，应做好记录，并会同有关单位研究处理

续表

序号	重大危险源	可能造成危害	技 术 措 施
7	结构质量控制不当	结构渗漏、影响运营	1. 严把材料质量关，优选混凝土配合比，采用掺加优质粉煤灰或磨细矿渣及TMS高效复合减水剂，提高混凝土的防裂抗裂能力。 2. 防水混凝土应连续浇注，少留施工缝，施工缝处设"凹"形接缝及止水带。在进行后续混凝土浇筑前，应将混凝土接缝进行凿毛并刷素水泥浆。及时养护，进行温度控制，防止干缩裂缝和温差裂缝的产生
8	施工用电管理不当	人员伤亡、工程延误	1. 临时设施及变压器等供电设施，应按《施工现场临时用电安全技术规范》的规定，采取防护措施，并增设屏障、遮栏、围栏、保护网。 2. 凡可能漏电伤人或易受雷击的电器设备，均设置接地装置或避雷装置，并派专业人员检查、维护、管理；配电箱开关有操作指示和安全警示。 3. 加强车站内外用电管理。切实执行照明、高压电力线路的架设标准，保证绝缘良好。各种电动机械和电器设备均设置漏电保护器，确保用电安全
9	基坑临边防护不够	人员伤亡	1. 围护结构、挖土洞口设置围栏、防护网，上下基坑楼梯有扶手；大开挖段工程施工人员应按规范施工，防止坡顶重物下落造成伤害。 2. 对施工过程中的"四口"（楼梯口、电梯口、通道口、预留口）加强防护措施，井口的临边防护栏按照（JGJ59—99）严格执行。通道口、楼梯口、吊装口设置防护栏杆并安装立网，预留口加盖防护

任务五　城市轨道建设工程施工安全管理责任

一、建设单位安全质量责任

建设单位对工程项目管理负总责。

建立健全安全质量责任制和管理制度。设置安全质量管理机构，配备与建设规模相适应的安全质量管理人员，对勘察、设计、施工、监理、监测等单位进行安全质量履约管理。

在初步设计阶段组织开展城市轨道交通工程安全质量风险评估（含建设工期、造价对工程安全质量影响性评估）并组织专家论证，同时按照有关规定组织专家进行抗震、抗风等专项论证。

建设单位在发包勘察设计、施工、监理及其他铁路建设业务时，应考察承包单位的安全生产情况，选择综合素质好、具有相应资质等级。

建设单位在工程招标资格审查时，应检查施工企业的安全生产许可证原件，审查拟任项目负责人、专职安全管理人员的安全记录和安全培训合格证。

建设单位及时向设计、施工、监理、监测等单位提供气象水文和地形地貌资料，工程地质和水文地质资料，施工现场及毗邻区域内的建筑物和构筑物、地下管线、桥梁、隧道、道路、轨道交通设施等（以下简称工程周边环境）资料；依法将施工图设计文件（含勘察文件）报送经认定具有资格的施工图审查机构进行审查。施工图设计文件未经审查或审查不合格的，不得使用。

建设单位及时组织勘察单位向设计单位进行勘察文件交底，在施工前组织勘察、设计单位向施工、监理、监测等单位进行勘察、设计文件交底。

建设单位委托工程监测单位和质量检测单位进行第三方监测和质量检测。

建设单位应将建设工程安全作业环境及安全施工措施费用，通过工程承包合同拨付施工企业，不得挪作他用。

建设单位不得明示或者暗示施工单位购买、租赁、使用不符合安全施工要求的安全防护用具、机械设备、施工机具及配件、消防设施和器材。

建设单位不得对勘察、设计、施工、工程监理等单位提出不符合建设工程安全生产法律、法规和强制性标准规定的要求，不得压缩合同约定的工期。

二、勘察、设计单位安全质量责任

勘察、设计单位从事城市轨道交通工程勘察、设计业务，必须具有相应资质，不得转包或者违法分包所承揽的工程勘察、设计业务。

勘察、设计单位对工程项目的安全质量承担勘察、设计责任。

勘察、设计单位的主要负责人对本单位勘察、设计安全质量工作全面负责。项目负责人应当具有相应执业资格和城市轨道交通工程勘察、设计工作经验。项目负责人对所承担工程项目的勘察、设计安全质量负责。从事工程勘察、设计的执业人员应当对其签字的勘察、设计文件负责。

勘察、设计单位必须建立健全安全质量责任制和管理制度，设置或明确安全质量管理机构，对工程勘察、设计的安全质量实施管理。

勘察单位提交的勘察文件应当真实、准确、可靠，符合国家规定的勘察深度要求，满足设计、施工的需要，并结合工程特点明确说明地质条件可能造成的工程风险，必要时针对特殊地质条件提出专项勘察建议。

设计单位提交的设计文件应当符合国家规定的设计深度要求，并应根据工程周边环境的现状评估报告提出设计处理措施，必要时进行专项设计。

设计单位应当对安全质量风险评估确定的高风险工程的设计方案、工程周边环境的监测控制标准等组织专家论证。

三、施工单位安全质量责任

施工单位从事城市轨道交通工程施工活动，必须具备相应资质，依法取得安全生产许可证，不得转包或者违法分包。

施工单位对工程项目的施工安全质量负责。

施工单位主要负责人对本单位施工安全质量工作全面负责，项目负责人对所承担工程项目的施工安全质量负责。

施工单位主要负责人、项目负责人和专职安全生产管理人员应当依法取得安全生产考核合格证书。项目负责人应当具有相应执业资格和城市轨道交通工程施工管理工作经验。建筑施工特种作业人员应当持证上岗。

施工单位必须建立健全安全质量责任制和管理制度，加强对施工现场项目管理机构的管理。项目安全质量管理人员专业、数量应当符合相关规定，并满足项目管理需要。

施工总承包单位对施工现场安全生产负总责。

总承包单位依法将工程分包给专业分包单位的，专业分包合同应当明确各自的安全责任。总承包单位和专业分包单位对专业分包工程的安全生产承担连带责任。

总承包单位和专业分包单位依法进行劳务分包的，总承包单位和专业分包单位应当对劳务作业进行管理。

施工单位应当按照合同约定的工期要求编制合理的施工进度计划，不得盲目抢进度、赶工期。施工单位不得以低于成本的价格竞标。

施工单位应将安全措施费用用于施工安全防护用具及设施的采购和更新、安全施工措施的落实、安全生产条件的改善等，不得挪作他用。

施工单位应当按照有关规定对危险性较大分部分项工程（含可能对工程周边环境造成严重损害的分部分项工程，下同）编制专项施工方案。对超过一定规模的危险性较大分部分项工程专项施工方案应当组织专家论证。

专项施工方案应当根据设计处理措施、专项设计和工程实际情况编制，并经施工单位技术负责人和总监理工程师签字后实施，不得随意变更。

工程施工前，施工单位项目技术人员应当就有关施工安全质量的技术要求向施工作业班组、作业人员作详细说明，并由双方签字确认。

施工单位应当指定专人保护施工现场地下管线及地下构筑物等，在施工前将地下管线、地下构筑物等基本情况、相应保护及应急措施等向施工作业班组和作业人员作详细说明，并在现场设置明显标识。

施工单位应当对工程支护结构、围岩以及工程周边环境等进行施工监测、安全巡视和综合分析，及时向设计、监理单位反馈监测数据和巡视信息。发现异常时，及时通知建设、设计、监理等单位，并采取应对措施。

施工单位应当按照施工图设计文件和施工技术标准施工，落实设计文件中提出的保障工程安全质量的设计处理措施，不得擅自修改工程设计，不得偷工减料。施工单位应当按照规定和合同约定对建筑材料、建筑构配件、设备等进行检验。未经检验或检验不合格的，不得使用。

建筑起重机械安装完成后，施工单位应当委托具有相应资质的检测检验机构进行检验，经检验合格并经验收合格后方可使用。施工单位应当按规定向工程所在地建设主管部门办理建筑起重机械使用登记手续。

施工单位应当按照有关规定对管理人员和作业人员进行安全质量教育培训，教育培训情况记入个人工作档案。教育培训考核不合格的人员，不得上岗。

施工单位在提交工程竣工验收报告时，应当向建设单位出具质量保修书，明确保修范围、保修期限和保修责任等。保修范围、保修期限应当符合国家有关规定。

施工单位应当为施工现场从事危险作业的人员办理意外伤害保险。

施工单位安全施工措施费用，应当用于施工安全防护用具及设施的采购和更新、安全施工措施的落实、安全生产条件的改善，不得挪作他用。

施工单位在施工危险部位，设置明显的安全警示标志（现场入口处、施工起重机械、临时用电设施、脚手架、出入通道口、电梯井口、孔洞口、桥梁口、隧道口、基坑边沿、爆破物及有害危险气体和液体存放处等）。

施工单位应当在施工现场建立消防安全责任制度，确定消防安全责任人，制定用火、用电、使用易燃易爆材料等各项消防安全管理制度和操作规程，设置消防通道、消防水源，配备消防设施和灭火器材，并在施工现场入口处设置明显标志。

特种作业人员（垂直运输机械作业人员、安装拆卸工、爆破作业人员、起重信号工、登高架设作业人员）必须按照国家有关规定经过专门的安全作业培训，并取得特种作业操作资格证书后，方可上岗作业。

四、监理单位安全质量责任

监理单位从事城市轨道交通工程监理业务，必须具备相应资质，不得转让所承担的工程监理业务。监理单位不得与被监理工程的施工单位以及建筑材料、建筑构配件和设备供应单位有隶属关系或者其他利害关系。

监理单位对工程项目的安全质量承担监理责任。监理单位主要负责人对本单位监理工作全面负责。项目总监理工程师对所承担工程项目的安全质量监理工作负责。项目总监理工程师应当具有相应专业的注册监理工程师执业资格和城市轨道交通工程监理工作经验。

建筑材料、建筑构配件和设备未经注册监理工程师签字，不得在工程上使用或安装，施工单位不得进行下一道工序的施工。

监理单位在实施监理过程中，发现施工单位有下列情况之一的，应当要求施工单位立即整改。情况严重的，应当要求施工单位暂时停止施工，并及时报告建设单位。

（1）工程施工不符合工程设计和标准规范要求的。
（2）不按批准的施工组织设计、专项施工方案或施工监测方案组织施工或监测的。
（3）未落实安全措施费用的。
（4）施工现场存在安全质量隐患的。
（5）项目主要管理人员不到位或资格、数量不符合要求的。
（6）其他违法违规行为。

施工单位拒不整改或者不停止施工的，监理单位应当及时向建设单位报告，建设单位应当责令施工单位整改或停止施工，施工单位仍不整改或不停止施工的，建设单位应当向工程所在地建设主管部门报告。

五、工程监测、质量检测单位安全质量责任

从事城市轨道交通工程第三方监测业务的工程监测单位（以下简称监测单位），应当具有相应工程勘察资质，并向工程所在地建设主管部门办理备案手续。监测单位不得转包监测业务，不得与所监测工程的施工单位有隶属关系或者其他利害关系。

从事城市轨道交通工程质量检测业务的质量检测单位，应当具备相应资质。质量检测单位不得转包检测业务，不得与所检测工程项目相关的设计单位、施工单位、监理单位有隶属关系或者其他利害关系。

监测单位对工程项目的安全质量承担监测责任。监测单位主要负责人应当对本单位监测工作全面负责。项目监测负责人对所承担工程项目的安全质量监测工作负责。

项目监测负责人应当具有相应执业资格和城市轨道交通工程监测工作经验。

监测单位必须建立健全安全质量责任制和管理制度，加强对施工现场项目监测机构的管理。项目监测人员专业、数量应当满足监测工作的需要。

质量检测机构应当按照工程建设标准和国家有关规定进行质量检测。在检测过程中发现有结构安全检测结果不合格、严重影响使用功能等情况，应当及时向建设、监理单位反馈。

监测、质量检测单位应当按规定对监测、检测人员进行安全质量培训，培训考核合格后方可上岗。

项目三
城市轨道施工安全法律法规

安全生产法律法规是为调整生产经营活动中有关安全生产各方关系与行为的法律规范，是为保障劳动者在生产经营活动中的安全与健康而建立的法律体系。在社会与经济等活动中，法规是国家法律、行政法规和行政规章的统称。

城市轨道交通安全及其管理相关的法规是由国家立法机关、行政机关和交通部制定的国家法律、行政法规和行政规章中有关城市轨道交通安全的各种限制性规定和专项要求，它们是城市轨道运营及其安全管理的法治依据，是城市轨道系统广大员工的行动准则。

任务一　国家安全法律、法规及标准

一、我国的安全立法

法律手段的效果：权威性、可执行性和最终效果。

发达国家的经验：严刑厉法，重典治乱。

宪法，它是国家的根本大法，是我国一切法律、法规的母法。宪法部门在当代中国的法律体系中，处于中心的、占主导的地位。其他法律、法规是宪法的子法。子法如与母法的内容相违背，则子法无效。

除了宪法之外，我们可以把其余一切法律、法规分为以下四大部门。即：（1）刑事；（2）民事；（3）经济；（4）行政。

二、安全生产法规体系结构

主要法源：宪法和法律、行政法规、地方性法规、行政规章（部门规章、地方行政规章）、国家标准（强制性标准、推荐性标准）、国际劳工公约。

（一）国家法律

我国现行的与安全生产相关的法律主要有：

《中华人民共和国安全生产法》；

《中华人民共和国防洪法》；
《中华人民共和国劳动合同法》；
《中华人民共和国特种设备安全法》；
《中华人民共和国道路交通安全法》；
《中华人民共和国铁路法》；
《中华人民共和国刑法》；
《中华人民共和国合同法》；
《中华人民共和国产品质量法》；
《中华人民共和国消防法》；
《中华人民共和国环境保护法》；
《中华人民共和国突发事件应对法》，等等。

（二）政府法规

中华人民共和国国务院《铁路运输安全管理条例》；
中华人民共和国国务院《特别重大事故调查程序》；
中华人民共和国国务院《道路交通事故处理办法》；
中华人民共和国国务院《道路交通管理条例》；
中华人民共和国国务院《工伤保险条例》；
中华人民共和国国务院《特种设备安全监察条例》；
中华人民共和国国务院《铁路路外人员伤亡事故处理暂行规定》；
中华人民共和国国务院《铁路旅客运输损害赔偿规定》；
中华人民共和国政务院《铁路旅客意外伤害强制保险条例》；
中华人民共和国国务院《危险化学品安全管理条例》，等等。

（三）部门法规

公安部关于修改《消防监督检查规定》的决定；
公安部关于修改《建设工程消防监督管理规定》的决定；
交通运输部关于修改《道路货物运输及站场管理规定》的决定；
铁路主要技术政策（铁道部令第34号），等等。

三、《中华人民共和国安全生产法》安全重点解析

（一）《安全生产法》在我国安全生产法律体系中的作用

1. 地位——基本法

我国第一部全面规定安全生产各项制度的法律，标志着我国安全生产全面纳入法制化。
《安全生产法》是我国第一部全面规范各行各业安全生产的专门法律，自2014年12月1日起在全国范围内施行。

2. 宗　　旨

保障人民生命安全，保护国家财产安全，促进社会经济发展。

3.《安全生产法》对从业人员的安全基本要求

（1）未经培训合格不得上岗。

（2）特殊作业必须经培训合格获得特种操作证才可上岗。

（3）不服从管理，违反法律法规规章，构成犯罪的，就要受到刑事追究。

（二）安全生产管理方针

党和国家安全生产的方针，坚持安全第一、预防为主、综合治理的方针。
安全第一：首要位置、安全优先。
预防为主：防患于未然、消灭于萌芽状态。
综合治理：用经济、法律、行政手段，人管、法制、技防多管齐下。

（三）《安全生产法》的基本框架

第一章　总则
第二章　生产经营单位的安全生产保障
第三章　从业人员的安全生产权利义务
第四章　安全生产的监督管理
第五章　生产安全事故的应急救援与调查处理
第六章　法律责任
第七章　附则

（四）《安全生产法》的十大重点内容

（1）以人为本，坚持安全发展。新法明确提出安全生产工作应当以人为本，将坚持安全发展写入了总则，对于坚守红线意识、进一步加强安全生产工作、实现安全生产形势根本性好转的奋斗目标具有重要意义。

（2）建立完善安全生产方针和工作机制。将安全生产工作方针完善为"安全第一、预防为主、综合治理"，进一步明确了安全生产的重要地位、主体任务和实现安全生产的根本途径。新法提出要建立生产经营单位负责、职工参与、政府监管、行业自律、社会监督的工作机制，进一步明确了各方安全职责。

（3）落实"三个必须"，确立安全生产监管执法部门地位。按照安全生产管行业必须管安全、管业务必须管安全、管生产经营必须管安全的要求，新法一是规定国务院和县级以上地方人民政府应当建立健全安全生产工作协调机制，及时协调、解决安全生产监督管理中的重大问题。二是明确各级政府安全生产监督管理部门实施综合监督管理，有关部门在各自职责范围内对有关"行业、领域"的安全生产工作实施监督管理。三是明确各级安全生产监督管理部门和其他负有安全生产监督管理职责的部门作为行政执法部门，依法开展安全生产行政执法工作，对生产经营单位执行法律、法规、国家标准或者行业标准的情况进行监督检查。

（4）强化乡镇人民政府以及街道办事处、开发区管理机构安全生产职责。乡镇街道是安全生产工作的重要基础，有必要在立法层面明确其安全生产职责，同时针对各地经济技术开发区、工业园区的安全监管体制不顺、监管人员配备不足、事故隐患集中、事故多发等突出问题，新法明确乡镇人民政府以及街道办事处、开发区管理机构等地方人民政府的派出机关应当按照职责，加强对本行政区域内生产经营单位安全生产状况的监督检查，协助上级人民政府有关部门依法履行安全生产监督管理职责。

（5）明确生产经营单位安全生产管理机构、人员的设置、配备标准和工作职责。新法一是明确矿山、金属冶炼、建筑施工、道路运输单位和危险物品的生产、经营、储存单位，应当设置安全生产管理机构或者配备专职安全生产管理人员，将其他生产经营单位设置专门机构或者配备专职人员的从业人员下限由300人调整为100人。二是规定了安全生产管理机构以及管理人员的7项职责，主要包括拟定本单位安全生产规章制度、操作规程、应急救援预案，组织宣传贯彻安全生产法律、法规；组织安全生产教育和培训，制止和纠正违章指挥、强令冒险作业、违反操作规程的行为，督促落实本单位安全生产整改措施等。三是明确生产经营单位做出涉及安全生产的经营决策，应当听取安全生产管理机构以及安全生产管理人员的意见。

（6）明确了劳务派遣单位和用工单位的职责和劳动者的权利义务。一是规定生产经营单位应当将被派遣劳动者纳入本单位从业人员统一管理，对被派遣劳动者进行岗位安全操作规程和安全操作技能的教育和培训。劳务派遣单位应当对被派遣劳动者进行必要的安全生产教育和培训。二是明确被派遣劳动者享有本法规定的从业人员的权利，并应当履行本法规定的从业人员的义务。

（7）建立事故隐患排查治理制度。新法把加强事前预防、强化隐患排查治理作为一项重要内容：一是生产经营单位必须建立事故隐患排查治理制度，采取技术、管理措施消除事故隐患。二是政府有关部门要建立健全重大事故隐患治理督办制度，督促生产经营单位消除重大事故隐患。三是对未建立隐患排查治理制度、未采取有效措施消除事故隐患的行为，设定了严格的行政处罚。

（8）推进安全生产标准化建设。结合多年来的实践经验，新法在总则部分明确生产经营单位应当推进安全生产标准化工作，提高本质安全生产水平。

（9）推行注册安全工程师制度。新法确立了注册安全工程师制度，并从两个方面加以推进：一是危险物品的生产、储存单位以及矿山、金属冶炼单位应当有注册安全工程师从事安全生产管理工作，鼓励其他单位聘用注册安全工程师。二是建立注册安全工程师按专业分类管理制度，授权国务院人力资源和社会保障部门、安全生产监督管理等部门制定具体实施办法。

（10）推进安全生产责任保险。根据2006年以来在河南省、湖北省、山西省、北京市、重庆市等省（市）的试点经验，重点是为了增加事故应急救援和事故单位从业人员以外的事故受害人的赔偿补偿资金来源，新法规定：国家鼓励生产经营单位投保安全生产责任保险。

（五）有关建设工程、施工安全管理的相关条款

生产经营单位新建、改建、扩建工程项目（以下统称建设项目）的安全设施，必须与主体工程同时设计、同时施工、同时投入生产和使用。安全设施投资应当纳入建设项目概算。（第

二十八条）

用于生产、储存、装卸危险物品的建设项目，应当按照国家有关规定进行安全评价。（第二十九条）

建设项目安全设施的设计人、设计单位应当对安全设施设计负责。用于生产、储存、装卸危险物品的建设项目的安全设施设计应当按照国家有关规定报经有关部门审查，审查部门及其负责审查的人员对审查结果负责。（第三十条）

用于生产、储存、装卸危险物品的建设项目的施工单位必须按照批准的安全设施设计施工，并对安全设施的工程质量负责。安全生产监督管理部门应当加强对建设单位验收活动和验收结果的监督核查。（第三十一条）

生产经营单位应当在有较大危险因素的生产经营场所和有关设施、设备上，设置明显的安全警示标志。（第三十二条）

生产经营单位应当制定本单位生产安全事故应急救援预案，与所在地县级以上地方人民政府组织制定的生产安全事故应急救援预案相衔接，并定期组织演练。（第七十八条）

城市轨道交通运营、建筑施工单位应当建立应急救援组织；生产经营规模较小的，可以不建立应急救援组织，但应当指定兼职的应急救援人员。危险物品的生产、经营、储存、运输单位以及矿山、金属冶炼、城市轨道交通运营、建筑施工单位应当配备必要的应急救援器材、设备和物资，并进行经常性维护、保养，保证正常运转。（第七十九条）

四、《中华人民共和国刑法》重点分析

《中华人民共和国刑法修正案（十）》由 2017 年 11 月 4 日第十二届全国人大常委会第三十次会议表决通过，自公布之日起施行。

1. 概　念

铁路运营安全事故罪，是指铁路职工违反规章制度，致使发生铁路运营安全事故，造成严重后果的行为。(《刑法》第一百三十二条）

2.《刑法》量刑

第一百三十二条　铁路职工违反规章制度，致使发生铁路运营安全事故，造成严重后果的，处三年以下有期徒刑或者拘役；造成特别严重后果的，处三年以上七年以下有期徒刑。

任务二　铁路安全相关法律法规

一、铁路安全法规概述

铁路安全法规是指铁路运输部门为办理客货运输业务，进行运输生产活动和明确与用户

之间的关系所制定、具有约束效力和法律作用的章程和规则。铁路旅客运输，主要法规有《铁路旅客运输规程》和《铁路旅客运输管理规则》。技术性法律规范，主要有《铁路技术管理规程》、《铁路行车事故处理规则》和一系列专业性技术规则。

1. 铁路安全法律

《铁路法》

2. 铁路安全法规

《铁路安全管理条例》
《铁路行车事故处理规则》
《铁路企业伤亡事故处理规则》
《铁路技术管理规程》
《行车安全监察工作规则》
《铁路行车事故救援规则》
《铁路运输安全奖惩办法》
《关于特大安全事故责任追究的办法》
《铁路旅客运输规程》
《铁路旅客运输管理规则》……

3. 铁路相关安全规章

《电气化铁路有关人员电气安全规则》
《铁路中间站管理办法》
《铁路中间站管理标准》
《车机联控标准》
《铁路运输调度规则》
《铁路行车设备施工管理办法》
《机车操作规程》……

二、《中华人民共和国铁路法》安全重点解析

《中华人民共和国铁路法》于2015年4月24日由第十二届全国人民代表大会常务委员会第十四次会议修正通过。

1.《铁路法》地位及主要法律内容

《铁路法》是我国管理铁路的第一部法典，是进行铁路运输和建设的基本法律。运用法律手段保护铁路运输安全是《铁路法》需要解决的重点问题。它规定了铁路运输安全方面的法律问题，主要内容有：

（1）铁路运输设施的安全保障。
（2）铁路路基的安全保护。
（3）旅客列车和车站的安全保障。

（4）铁路行车安全和事故的处理。
（5）铁路运输企业对危害铁路行车安全行为的处理。
（6）铁路沿线环境保护。

《铁路法》针对危害铁路运输安全的违法行为，规定了相应的行政责任、刑事责任和民事责任。它们是同违法行为进行斗争，建立良好的铁路运输秩序，保证铁路运输畅通无阻的有力武器。

2.《铁路法》基本框架

（1）总则；（2）铁路运输营业；（3）铁路建设；（4）铁路安全与保护；（5）法律责任；（6）附则。

3. 铁路安全与保护

（1）铁路运输企业必须加强对铁路的管理和保护，定期检查、维修铁路运输设施，保证铁路运输设施完好，保障旅客和货物运输安全。

（2）对损毁、移动铁路信号装置及其他行车设施或者在铁路线路上放置障碍物的，铁路职工有权制止，可以扭送公安机关处理。

（3）禁止偷乘货车、攀附行进中的列车或者击打列车。对偷乘货车、攀附行进中的列车或者击打列车的，铁路职工有权制止。

（4）禁止在铁路线路上行走、坐卧。

（5）铁路职工玩忽职守、违反规章制度造成铁路运营事故的，滥用职权、利用办理运输业务之便谋取私利的，给予行政处分；情节严重、构成犯罪的，依照刑法有关规定追究刑事责任。

三、《铁路运输安全管理条例》重点解析

《铁路运输安全管理条例》由国务院第18次常务会议通过，自2014年1月1日起施行。

1.《铁路运输安全管理条例》的主要内容

《铁路运输安全管理条例》是为了加强铁路安全管理，保障铁路运输安全和畅通，保护人身安全和财产安全而制定的法规，自2014年1月1日起施行。

它规定了铁路部门和铁路工作人员对保证运输安全应尽的职责，以及对各种扰乱铁路站、车秩序与侵犯旅客和货主权益、危害行车安全、损坏铁路设施行为的禁令、奖惩范围及权限。

2. 总则重点

（1）铁路安全管理坚持安全第一、预防为主、综合治理的方针。

（2）从事铁路建设、运输、设备制造维修的单位应当加强安全管理，建立健全安全生产管理制度，落实企业安全生产主体责任，设置安全管理机构或者配备安全管理人员，执行保障生产安全和产品质量安全的国家标准、行业标准，加强对从业人员的安全教育培训，保证安全生产所必需的资金投入。

（3）铁路建设、运输、设备制造维修单位的工作人员应当严格执行规章制度，实行标准

化作业，保证铁路安全。

3. 铁路建设质量安全

（1）铁路建设工程的勘察、设计、施工、监理应当遵守法律、行政法规关于建设工程质量和安全管理的规定，执行国家标准、行业标准和技术规范。铁路建设工程的勘察、设计、施工单位依法对勘察、设计、施工的质量负责，监理单位依法对施工质量承担监理责任。高速铁路和地质构造复杂的铁路建设工程实行工程地质勘察监理制度。

（2）铁路建设工程的安全设施应当与主体工程同时设计、同时施工、同时投入使用。安全设施投资应当纳入建设项目概算。

4. 铁路专用设备质量安全

铁路机车车辆的制造、维修、使用单位应当遵守有关产品质量的法律、行政法规以及国家其他有关规定，确保投入使用的机车车辆符合安全运营要求。

5. 铁路线路安全

（1）铁路线路两侧应当设立铁路线路安全保护区。铁路线路安全保护区的范围，从铁路线路路堤坡脚、路堑坡顶或者铁路桥梁（含铁路、道路两用桥，下同）外侧起向外的距离分别为：①城市市区高速铁路为 10 m，其他铁路为 8 m；②城市郊区居民居住区高速铁路为 12 m，其他铁路为 10 m；③村镇居民居住区高速铁路为 15 m，其他铁路为 12 m；④其他地区高速铁路为 20 m，其他铁路为 15 m。

（2）设计开行时速 120 km 以上列车的铁路应当实行全封闭管理。

（3）禁止实施下列危害电气化铁路设施的行为：

①向电气化铁路接触网抛掷物品；②在铁路电力线路导线两侧各 500 m 的范围内升放风筝、气球等低空飘浮物体；③攀登铁路电力线路杆塔或者在杆塔上架设、安装其他设施设备；④在铁路电力线路杆塔、拉线周围 20 m 范围内取土、打桩、钻探或者倾倒有害化学物品；⑤触碰电气化铁路接触网。

6. 铁路运营安全

（1）铁路运输企业应当加强铁路专业技术岗位和主要行车工种岗位从业人员的业务培训和安全培训，提高从业人员的业务技能和安全意识。

（2）铁路运输企业应当加强运输过程中的安全防护，使用的运输工具、装载加固设备以及其他专用设施设备应当符合国家标准、行业标准和安全要求。

（3）铁路运输企业应当建立健全铁路设施设备的检查防护制度，加强对铁路设施设备的日常维护检修，确保铁路设施设备性能完好和安全运行。

（4）禁止实施下列危害铁路安全的行为（通用）：

①非法拦截列车、阻断铁路运输；②扰乱铁路运输指挥调度机构以及车站、列车的正常秩序；③在铁路线路上放置、遗弃障碍物；④击打列车；⑤擅自移动铁路线路上的机车车辆，或者擅自开启列车车门、违规操纵列车紧急制动设备；⑥拆盗、损毁或者擅自移动铁路设施设备、机车车辆配件、标桩、防护设施和安全标志；⑦在铁路线路上行走、坐卧或者在未设道口、人行过道的铁路线路上通过；⑧擅自进入铁路线路封闭区域或者在未设置行人通道的

铁路桥梁、隧道通行;⑨擅自开启、关闭列车的货车阀、盖或者破坏施封状态;⑩钻车、扒车、跳车;⑪从列车上抛扔杂物;⑫在动车组列车上吸烟或者在其他列车的禁烟区域吸烟;⑬强行登乘或者以拒绝下车等方式强占列车;⑭冲击、堵塞、占用进出站通道或者候车区、站台。

任务三 城市轨道施工安全相关法律法规

一、城市轨道交通相关安全政策法规

国家发改委关于加强城市轨道交通规划建设管理的通知(〔2015〕49号);
国家发改委关于完善城市轨道交通建设规划审批程序的通知〔2015〕2506号);
关于做好城市轨道交通项目环境影响评价工作的通知(环办〔2014〕117号);
城市轨道交通安全预评价细则(2014);
中华人民共和国建设部令第140号《城市轨道交通运营管理办法》;
国务院办公厅关于印发《国家城市轨道交通运营突发事件应急预案》的通知(国办函〔2015〕32号);
中华人民共和国住房和城乡建设部《城市轨道交通建设工程质量安全事故应急预案管理办法》(2014年3月12日);
交通运输部发布《关于加强城市轨道交通运营安全管理的意见》(2014年9月);
交通运输部发布《交通运输标准化"十三五"发展规划》(2016年1月);
国务院"十三五"现代综合交通运输体系发展规划》(2017年2月);
国务院《关于城市优先发展公共交通的指导意见》(国发〔2012〕64号);
《城市轨道交通运营管理规范》(GB/T 30012—2013);
《交通运输部关于加强城市轨道交通运营安全管理的意见》(〔2014〕201号);
《城市轨道交通运营管理规定》(2018年第8号)等。

二、《城市轨道交通运营管理规定》重点解析

中华人民共和国交通运输部令2018年第8号,自2018年7月1日起施行。

(一)主要内容

该《规定》共7章、56条,包括总则、运营基础要求、运营服务、安全支持保障、应急处置、法律责任和附则。

其主要内容包括:

(1)夯实行业管理基础。树立"规划建设为运营、运营服务为乘客"理念,落实《意见》

关于"在可行性研究报告和初步设计文件设置运营服务专篇"的要求，从车站设施、设备兼容性、线网衔接等方面，细化了运营服务专篇的内容，理顺运营与前期规划的衔接。建立城市轨道交通初期运营前、正式运营前、运营期间安全评估制度，明确了城市轨道交通试运行、初期运营、正式运营等建设与运营交接界面的工作内容和办理程序，清晰界定相关部门和单位的工作职责和义务。明确从业人员管理、设施设备准入与运行维护管理、风险隐患管控治理等相关要求。建立城市轨道交通运营信息统计分析制度，确保及时逐级报送相关信息。

（2）提升运营服务能力。立足于更好满足广大人民群众高质量出行需求，建立运营服务质量承诺制度，运营单位要向社会公布运营服务质量承诺，行业管理部门定期对运营单位服务质量进行监督考评，并向社会公布结果。建立城市轨道交通运营主管部门和运营单位的投诉受理制度，督促运营单位不断改进提升服务水平。对造成严重影响的乘客违法违规行为，明确应当依法追究责任，有效保障社会公众利益。

（3）加强安全支持保障。明确了保护区范围内作业时的有关程序要求，要求作业单位制定安全防护方案，并对作业影响区域进行动态监测。明确保护区作业巡查有关要求，对地面、高架线路沿线建（构）筑物等妨碍瞭望和侵界情况的处置进行规定，加强城市轨道交通线路保护。对危害城市轨道交通设施设备运行、影响运营安全的禁止性行为进行规定。明确乘客进站禁止、限制携带物品的具体要求，并要求运营单位要按规定在车站醒目位置公示禁止、限制携带物品目录。清晰界定有关部门在城市轨道交通公共安全防范的职责分工。

（4）强化应急处置能力。要求运营单位健全综合应急预案、专项应急预案和现场处置方案的应急预案体系。对运营单位的应急物资、应急救援装备和队伍、应急值守和报告等提出要求。明确运营突发事件应急演练要求，建立运营安全重大故障和事故报送制度，不断提高安全防范和应急处置水平。

（二）安全管理要点

（1）城市轨道交通运营管理应当遵循以人民为中心、安全可靠、便捷高效、经济舒适的原则。

（2）车站开通运营的出入口数量、站台面积、通道宽度、换乘条件、站厅容纳能力等设施、设备能力与服务需求和安全要求的符合情况。

（3）安全应急设施规划布局、规模等与运营安全的适应性，与主体工程的同步规划和设计情况。

（三）建设、施工单位相应的安全职责条款

第二十九条 城市轨道交通工程项目应当按照规定划定保护区。

开通初期运营前，建设单位应当向运营单位提供保护区平面图，并在具备条件的保护区设置提示或者警示标志。

第三十条 在城市轨道交通保护区内进行下列作业的，作业单位应当按照有关规定制定安全防护方案，经运营单位同意后，依法办理相关手续并对作业影响区域进行动态监测：

（一）新建、改建、扩建或者拆除建（构）筑物；

（二）挖掘、爆破、地基加固、打井、基坑施工、桩基础施工、钻探、灌浆、喷锚、地下顶进作业；

（三）敷设或者搭架管线、吊装等架空作业；

（四）取土、采石、采砂、疏浚河道；

（五）大面积增加或者减少建（构）筑物载荷的活动；

（六）电焊、气焊和使用明火等具有火灾危险作业。

第三十一条　运营单位有权进入作业现场进行巡查，发现危及或者可能危及城市轨道交通运营安全的情形，运营单位有权予以制止，并要求相关责任单位或者个人采取措施消除妨害；逾期未改正的，及时报告有关部门依法处理。

第三十二条　使用高架线路桥下空间不得危害城市轨道交通运营安全，并预留高架线路桥梁设施日常检查、检测和养护维修条件。

地面、高架线路沿线建（构）筑物或者植物不得妨碍行车瞭望，不得侵入城市轨道交通线路的限界。沿线建（构）筑物、植物可能妨碍行车瞭望或者侵入线路限界的，责任单位应当及时采取措施消除影响。责任单位不能消除影响，危及城市轨道交通运营安全、情况紧急的，运营单位可以先行处置，并及时报告有关部门依法处理。

第三十三条　禁止下列危害城市轨道交通运营设施设备安全的行为：

（一）损坏隧道、轨道、路基、高架、车站、通风亭、冷却塔、变电站、管线、护栏护网等设施；

（二）损坏车辆、机电、电缆、自动售检票等设备，干扰通信信号、视频监控设备等系统；

（三）擅自在高架桥梁及附属结构上钻孔打眼，搭设电线或者其他承力绳索，设置附着物；

（四）损坏、移动、遮盖安全标志、监测设施以及安全防护设备。

第三十四条　禁止下列危害或者可能危害城市轨道交通运营安全的行为：

（一）拦截列车；

（二）强行上下车；

（三）擅自进入隧道、轨道或者其他禁入区域；

（四）攀爬或者跨越围栏、护栏、护网、站台门等；

（五）擅自操作有警示标志的按钮和开关装置，在非紧急状态下动用紧急或者安全装置；

（六）在城市轨道交通车站出入口5米范围内停放车辆、乱设摊点等，妨碍乘客通行和救援疏散；

（七）在通风口、车站出入口50米范围内存放有毒、有害、易燃、易爆、放射性和腐蚀性等物品；

（八）在出入口、通风亭、变电站、冷却塔周边躺卧、留宿、堆放和晾晒物品；

（九）在地面或者高架线路两侧各100米范围内升放风筝、气球等低空飘浮物体和无人机等低空飞行器。

第三十五条　在城市轨道交通车站、车厢、隧道、站前广场等范围内设置广告、商业设施的，不得影响正常运营，不得影响导向、提示、警示、运营服务等标识识别、设施设备使用和检修，不得挤占出入口、通道、应急疏散设施空间和防火间距。

城市轨道交通车站站台、站厅层不应设置妨碍安全疏散的非运营设施。

（四）建设、施工单位相关法律责任

第四十八条 违反本规定第十条、第十一条，城市轨道交通工程项目（含甩项工程）未经安全评估投入运营的，由城市轨道交通运营主管部门责令限期整改，并对运营单位处以 2 万元以上 3 万元以下的罚款，同时对其主要负责人处以 1 万元以下的罚款；有严重安全隐患的，城市轨道交通运营主管部门应当责令暂停运营。

三、《国家城市轨道交通运营突发事件应急预案》重点解析

1. 工作原则

运营突发事件应对工作坚持统一领导、属地负责，条块结合、协调联动，快速反应、科学处置的原则。

2. 事件分级

按照事件严重性和受影响程度，运营突发事件分为特别重大、重大、较大和一般四级。

（1）特别重大运营突发事件：造成 30 人以上死亡，或者 100 人以上重伤，或者直接经济损失 1 亿元以上的。

（2）重大运营突发事件：造成 10 人以上 30 人以下死亡，或者 50 人以上 100 人以下重伤，或者直接经济损失 5 000 万元以上 1 亿元以下，或者连续中断行车 24 小时以上的。

（3）较大运营突发事件：造成 3 人以上 10 人以下死亡，或者 10 人以上 50 人以下重伤，或者直接经济损失 1 000 万元以上 5 000 万元以下，或者连续中断行车 6 小时以上 24 小时以下的。

（4）一般运营突发事件：造成 3 人以下死亡，或者 10 人以下重伤，或者直接经济损失 50 万元以上 1 000 万元以下，或者连续中断行车 2 小时以上 6 小时以下的。

3. 有关部门和单位职责

城市轨道交通运营突发事件（以下简称运营突发事件）应急组织指挥机构成员单位主要包括城市轨道交通运营主管部门、公安、安全监管、住房城乡建设、卫生计生、质检、新闻宣传、通信、武警等部门和单位。

4. 组织指挥体系

（1）国家层面组织指挥机构；（2）地方层面组织指挥机构；（3）现场指挥机构；（4）运营单位；（5）专家组。

5. 监测预警和信息报告

运营单位应当建立健全城市轨道交通运营监测体系，根据运营突发事件的特点和规律，加大对线路、轨道、结构工程、车辆、供电、通信、信号、消防、特种设备、应急照明等设施设备和环境状态以及客流情况等的监测力度，定期排查安全隐患，开展风险评估，健全风险防控措施。

城市轨道交通系统内设施设备及环境状态异常可能导致运营突发事件时，要及时向相关岗位专业人员发出预警；因突发大客流、自然灾害等原因可能影响城市轨道交通正常运营时，要及时报请当地城市轨道交通运营主管部门，通过电视、广播、报纸、互联网、手机短信、

楼宇或移动电子屏幕、当面告知等渠道向公众发布预警信息。

6. 预警行动

对于突发大客流预警，要及时调整运营组织方案，加强客流情况监测，在重点车站增派人员加强值守，做好客流疏导，视情采取限流、封站等控制措施，必要时申请启动地面公共交通接驳疏运。城市轨道交通运营主管部门要及时协调组织运力疏导客流。

对于自然灾害预警，要加强对地面线路、设备间、车站出入口等重点区域的检查巡视，加强对重点设施设备的巡检紧固和对重点区段设施设备的值守监测，做好相关设施设备停用和相关线路列车限速、停运准备。

责令应急救援队伍和人员进入待命状态，动员后备人员做好参加应急救援和处置工作准备，并调集运营突发事件应急所需物资、装备和设备，做好应急保障工作。

7. 应急响应

根据运营突发事件的严重程度和发展态势，将应急响应设定为Ⅰ级、Ⅱ级、Ⅲ级、Ⅳ级四个等级。初判发生特别重大、重大运营突发事件时，分别启动Ⅰ级、Ⅱ级应急响应，由事发地省级人民政府负责应对工作；初判发生较大、一般运营突发事件时，分别启动Ⅲ级、Ⅳ级应急响应，由事发地城市人民政府负责应对工作。对跨城市运营的城市轨道交通线路，有关城市人民政府在建立跨区域运营突发事件应急合作机制时应明确各级应急响应的责任主体。

四、《城市轨道交通建设工程质量安全事故应急预案管理办法》重点解析

1. 应急预案管理原则

应急预案管理应当遵循综合协调、分级负责、属地为主、企地衔接、动态管理的原则。

2. 预案编制和内容

应急预案体系包括综合应急预案、工程项目应急预案和现场处置方案。

建设单位应当编制本单位综合应急预案，并按照影响工程周边环境事故类别编制工程项目应急预案。

施工单位应当编制所承担工程项目的综合应急预案，并按工程事故、影响周边环境事故类别编制工程项目应急预案，同时制定事故现场处置方案。

3. 预案评审和发布

预案评审的主要内容包括：

（1）应急预案是否符合有关法律、行政法规等，是否与有关应急预案进行了衔接；（2）主体内容是否完备，组织体系是否科学合理；责任分工是否合理明确；（3）风险评估及防范措施是否具有针对性；（4）响应级别设计是否合理，应对措施是否具体简明、管用可行；（5）应急保障资源是否完备，应急保障措施是否可行。

4. 演练和培训

应急预案编制单位应当建立应急演练制度，根据实际情况采取实战演练、桌面推演等方

式,组织开展联动性强、形式多样、节约高效的应急演练。

建设主管部门、建设单位、施工单位应当制定应急预案演练计划,结合实际情况定期组织预案演练。建设主管部门每 3 年至少组织一次综合应急预案演练;建设单位、施工单位应当有针对性地经常组织开展应急演练,每年至少组织一次,视情况可加大演练频次。

五、《城市轨道交通工程安全质量管理暂行办法》重点解析

1. 总则要求

从事城市轨道交通工程建设活动必须坚持先勘察、后设计、再施工的原则,严格执行基本建设程序,保证各阶段合理的工期和造价,加强全过程安全质量风险管理。

2.《城市轨道交通工程安全质量管理暂行办法》相关内容

第二十九条 施工单位从事城市轨道交通工程施工活动,必须具备相应资质,依法取得安全生产许可证,不得转包或者违法分包。

第三十条 施工单位对工程项目的施工安全质量负责。

施工单位主要负责人对本单位施工安全质量工作全面负责,项目负责人对所承担工程项目的施工安全质量负责。

施工单位主要负责人、项目负责人和专职安全生产管理人员应当依法取得安全生产考核合格证书。项目负责人应当具有相应执业资格和城市轨道交通工程施工管理工作经验。建筑施工特种作业人员应当持证上岗。

第三十一条 施工单位必须建立健全安全质量责任制和管理制度,加强对施工现场项目管理机构的管理。

项目安全质量管理人员专业、数量应当符合相关规定,并满足项目管理需要。

第三十八条 工程施工前,施工单位项目技术人员应当就有关施工安全质量的技术要求向施工作业班组、作业人员作详细说明,并由双方签字确认。

第三十九条 施工单位应当指定专人保护施工现场地下管线及地下构筑物等,在施工前将地下管线、地下构筑物等基本情况、相应保护及应急措施等向施工作业班组和作业人员作详细说明,并在现场设置明显标识。

第四十一条 施工单位应当按照施工图设计文件和施工技术标准施工,落实设计文件中提出的保障工程安全质量的设计处理措施,不得擅自修改工程设计,不得偷工减料。

施工单位应当按照规定和合同约定对建筑材料、建筑构配件、设备等进行检验。未经检验或检验不合格的,不得使用。

对涉及结构安全的试块、试件及有关材料,施工单位应当在监理单位见证下,按规定进行现场取样,并送有相应资质的质量检测单位进行质量检测。

第四十三条 施工单位应当按照有关规定对管理人员和作业人员进行安全质量教育培训,教育培训情况记入个人工作档案。教育培训考核不合格的人员,不得上岗。

第四十四条 施工单位应当按规定做好安全质量资料的收集、整理和归档,保证安全质量文件真实、完整。

3. 交通工程单位安全质量责任

1）建设单位安全质量责任

（1）建设单位对工程项目管理负总责。建设单位必须建立健全安全质量责任制和管理制度，设置安全质量管理机构，配备与建设规模相适应的安全质量管理人员，对勘察、设计、施工、监理、监测等单位进行安全质量履约管理。

（2）建设单位应当在初步设计阶段组织开展城市轨道交通工程安全质量风险评估并组织专家论证。

（3）建设单位应当向设计、施工、监理、监测等单位提供气象水文和地形地貌资料，工程地质和水文地质资料，施工现场及毗邻区域内的建筑物和构筑物、地下管线、桥梁、隧道、道路、轨道交通设施等（以下简称工程周边环境）资料。

（4）建设单位应当及时组织勘察单位向设计单位进行勘察文件交底，在施工前组织勘察、设计单位向施工、监理、监测等单位进行勘察、设计文件交底。

（5）建设单位应当委托工程监测单位和质量检测单位进行第三方监测和质量检测。

（6）建设单位在编制工程概算时，应当包括安全质量风险评估费、工程监测费、工程周边环境调查费及现状评估费等保障工程安全质量所需的费用。

（7）建设单位在施工招标前，应当组织专家对施工工期和造价进行论证。

（8）建设单位应当科学确定勘察、设计、施工等各阶段工期，不得任意压缩合同约定的工期。

2）勘察、设计单位安全质量责任

（1）勘察、设计单位从事城市轨道交通工程勘察、设计业务，必须具有相应资质，不得转包或者违法分包所承揽的工程勘察、设计业务。

（2）勘察、设计单位对工程项目的安全质量承担勘察、设计责任。

（3）勘察、设计单位必须建立健全安全质量责任制和管理制度，设置或明确安全质量管理机构，对工程勘察、设计的安全质量实施管理。

（4）勘察单位提交的勘察文件应当真实、准确、可靠，符合国家规定的勘察深度要求，满足设计、施工的需要，并结合工程特点明确说明地质条件可能造成的工程风险，必要时针对特殊地质条件提出专项勘察建议。

3）施工单位安全质量责任

第二十九条 施工单位从事城市轨道交通工程施工活动，必须具备相应资质，依法取得安全生产许可证，不得转包或者违法分包。

第三十条 施工单位对工程项目的施工安全质量负责。

施工单位主要负责人对本单位施工安全质量工作全面负责，项目负责人对所承担工程项目的施工安全质量负责。

施工单位主要负责人、项目负责人和专职安全生产管理人员应当依法取得安全生产考核合格证书。项目负责人应当具有相应执业资格和城市轨道交通工程施工管理工作经验。建筑施工特种作业人员应当持证上岗。

第三十一条 施工单位必须建立健全安全质量责任制和管理制度，加强对施工现场项目管理机构的管理。

项目安全质量管理人员专业、数量应当符合相关规定，并满足项目管理需要。

第三十八条　工程施工前，施工单位项目技术人员应当就有关施工安全质量的技术要求向施工作业班组、作业人员作详细说明，并由双方签字确认。

第三十九条　施工单位应当指定专人保护施工现场地下管线及地下构筑物等，在施工前将地下管线、地下构筑物等基本情况、相应保护及应急措施等向施工作业班组和作业人员作详细说明，并在现场设置明显标识。

第四十一条　施工单位应当按照施工图设计文件和施工技术标准施工，落实设计文件中提出的保障工程安全质量的设计处理措施，不得擅自修改工程设计，不得偷工减料。

施工单位应当按照规定和合同约定对建筑材料、建筑构配件、设备等进行检验。未经检验或检验不合格的，不得使用。

对涉及结构安全的试块、试件及有关材料，施工单位应当在监理单位见证下，按规定进行现场取样，并送有相应资质的质量检测单位进行质量检测。

第四十三条　施工单位应当按照有关规定对管理人员和作业人员进行安全质量教育培训，教育培训情况记入个人工作档案。教育培训考核不合格的人员，不得上岗。

第四十四条　施工单位应当按规定做好安全质量资料的收集、整理和归档，保证安全质量文件真实、完整。

4）监理单位安全质量责任

（1）监理单位从事城市轨道交通工程监理业务，必须具备相应资质，不得转让所承担的工程监理业务。

（2）监理单位对工程项目的安全质量承担监理责任。监理单位主要负责人对本单位监理工作全面负责。项目总监理工程师对所承担工程项目的安全质量监理工作负责。

4. 安全质量事故应急处置

（1）城市轨道交通工程所在地县级以上地方人民政府建设主管部门、建设单位、施工单位应当编制城市轨道交通工程安全质量事故应急预案，建立健全安全生产预警和应急协调保障机制。建设单位、施工单位应当将编制的应急预案报工程所在地建设主管部门备案，并组织定期演练。

（2）城市轨道交通工程安全质量事故发生后，施工单位应当立即采取防止事故危害扩大的必要措施，并按有关规定向工程所在地建设主管部门报告。工程所在地建设主管部门接到报告后，应当按照规定逐级上报上级建设主管部门。

（3）应急抢险结束后，建设单位应当组织设计、施工等单位制定工程恢复方案，必要时经专家论证后实施。

项目四
城市轨道交通施工风险因素分析

任务一　城市轨道施工中的危险有害因素

一、城市轨道地铁施工中存在的危险有害因素

（1）城市轨道地铁施工受地质与水文等诸多因素影响，施工过程容易引起：坍塌、冒顶、涌砂、涌水、透水等事故。地铁沿线多为市区繁华主干道，建（构）筑物纵横交错，道路两侧分布有煤气管道、照明及动力电缆、通信电缆、给排水管、污水管等各种类型的地下管道及线路，其埋藏情况错综复杂，且周边环境不确定因素多。施工过程容易引起：煤气管道的破裂引发火灾和爆炸；电力线、电信线破残造成停电、停止通信，甚至引发触电事故；给排水管道、污水管道断裂造成停水或低洼积水；地表面塌陷或隆起，造成周边建（构）筑物产生裂缝或坍塌等事故。

（2）在城市轨道地铁建设施工阶段，采用明挖、暗挖、盾构等施工方法和辅助工法进行基坑或区间隧道开挖时，易发生不均匀沉降、地面塌陷或隆起，其主要原因是地层周围岩土体的原始应力变化和受扰动或受剪切破坏的重塑土的再固结。因此，选择错误的施工方法和围护方案会造成附近地下管线断裂或引起周围建筑物的开裂、倾斜甚至倒塌。

（3）城市轨道地铁建设施工期间现场施工管理及安全防护措施中存在的不安全因素，也会对地铁施工产生影响，甚至引发安全事故。如：被拆迁建筑的外接管线特别是电源、燃气等的切断检查不到位；各种改移管线管位的不确定；管线施工的沟槽安全防护和周边建筑物保护不当；燃气管线的切割防护不当；由于施工场地狭小，运输车辆乱行及场地各区不设临时交通标志、标线和指示灯等或设置不当；施工作业区边界不清，无栅栏挡板和保安人员等易造成车辆、非施工人员进入现场影响施工安全；施工人员携带火种、打火机等可引起火灾的物品进入施工现场，会引起爆炸、火灾等事故；施工机械噪声、振动过大，会妨碍对话，影响信号联络，进而妨碍作业安全，还会使作业人员感到不适；作业人员长期吸入作业产生的粉尘、废气和烟雾，会引发硅肺病或缺氧症；未妥善处理开挖出的弃土、在基坑顶部堆放弃土及增加其他附加荷载，可能造成坍塌事故；施工降水不当可能造成地面不均匀沉降；机械设备失检、电气设备过载、施工机具违章操作等会造成机具控制失灵、调件坠落、塔架倒塌、设备损害、起火触电等风险。

二、城市轨道交通高架桥工程施工存在的危险有害因素

1. 施工现场安全管理制度不完善

随着城市交通的快速发展，城市轨道交通高架桥工程施工项目的数量越来越多，对促进城市的发展有着极大的作用。当然，为保证城市轨道交通高架桥施工的安全性，需要对施工现场制定相应的安全管理制度。但是，就当前城市轨道交通高架桥工程的施工现场管理制度运行情况来看，有很多管理环节不够完善，而管理制度的欠缺将会对施工现场的安全管理效率带来极大的影响，甚至会引发施工安全事故。

2. 没有做好施工现场危险源分析工作

危险源主要是能够引发危险的源头，在城市轨道交通高架桥工程施工之前，需要做好施工现场的危险源分析工作，确保城市轨道交通高架桥工程施工的安全性。但是，从当前城市轨道交通高架桥工程施工的现场危险源分析工作来看，很多危险源以及危险因素都未能明确，也经常会出现工作人员忽略一些危险源的现象，而这些危险源以及相关的危险因素，都将会给城市轨道交通高架桥的工程施工安全带来极大的影响。

3. 施工人员的安全意识不高

施工人员是城市轨道交通高架桥工程施工的主体，虽然在近些年来机械自动化的发展极为迅速，在城市轨道交通高架桥工程施工中也得到广泛的应用，但是，后台操作还是需要人工完成，而且很多施工环节采用机械是无法完成的，必须有相关人员对其施工才能完成。然而，当下城市轨道交通高架桥工程施工人员的安全意识却有待增强，缺乏安全风险意识、危险因素的分析，再加上安全防范技能不高等，势必会对施工的安全管理质量带来极大的影响，甚至引发人身安全事故。

4. 施工现场监督工作不全面

城市轨道交通高架桥工程施工的过程中，监督管理人员要对施工现场进行监督管理，确保施工现场各方面施工工作严格按照规范操作进行，是工程施工安全管理的重要组成部分。但是，就当前城市轨道交通高架桥工程施工现场监督工作来分析，监督工作不够全面，一方面是因监督管理人员的监督管理意识偏低，很多环节都未能按照规范操作进行，而另一方面则是施工现场监督规范制度不全面，对此必须采取有效的完善措施。

三、城市轨道工程易发和多发事故的类别（五大伤害）

（1）高处坠落。人员从临边、洞口、预留洞口等处坠落；从脚手架上坠落；龙门架（井字架）物料提升机和塔吊在安装、拆除过程坠落；安装、拆除模板时坠落；结构和设备吊装时坠落。

（2）触电。对或靠近施工现场的外电线路没有或缺少防护，在搭设钢管架、绑扎钢筋或起重吊装过程中，碰触这些线路造成触电；使用各类电器设备触电；因电线破皮、老化，又无开关箱等触电。

（3）物体打击。人员受到同一垂直作业面的交叉作业中和通道口处坠落物体的打击。

（4）机械伤害。主要是垂直运输机械设备、吊装设备、各类桩机等对人的伤害。

（5）坍塌。施工中发生的坍塌事故主要是：现浇混凝土梁、板的模板支撑失稳倒塌、基坑边坡失稳引起土石方坍塌、拆除工程中的坍塌、施工现场的围墙及在建工程屋面板质量低劣坍落。

任务二　城市轨道工程事故案例分析

一、城市轨道工程事故重点案例

1. 中铁某局施工塌方事故

2014年12月5日中铁某局施工某高速公路扩容工程A3合同段后隧道出口发生塌方，使21名施工人员被困洞内，造成了不良的社会影响和财产损失。

2. 南京地铁吊臂倒塌事故

2014年12月3日15时19分左右，南京地铁3号线某车站2号出入口，工地一汽车吊在吊运钢筋作业期间发生吊臂倒塌，砸中多辆汽车，造成2死2伤。

事故直接原因：吊车司机无证操作，支腿未垫枕木，支腿未完全支出。

间接原因：雨水导致路面松动，路面地基承载力不够。

3. 南京地铁钢筋骨架倾覆事故

2014年12月17日，南京地铁4号线某区间工程发生一起二衬钢筋骨架倾覆事故，造成4死3伤。事故经过：南京举办首个全国公祭日，南京市所有在建工地全部停工。12月17日复工后，现场检查人员对区间进行检查，发现已安装好的钢筋骨架发生倾斜。检查人员立即报告现场领导，现场领导立即组织1个班12名工人对骨架进行加固，17点20分发生骨架倾覆事故。

4. 武汉地铁气体爆炸事故

2015年1月2日2时45分左右，武汉地铁3号线19标某区间左线（剩余70多环，正在进行盾构机接收条件验收准备工作），隧道内突然发生气体爆炸，造成项目部经理助理失踪与盾构司机2人死亡。事故发生后，武汉地铁各在建项目停工检查。

5. 苏州地铁2号线滑坡事故

2015年1月10日下午13:21，苏州地铁2号线延伸线东方大道站某出入口发生滑坡，造成4人臀部以下被埋，所幸抢救及时，4人均被救出，其中2人骨折。事件惊动了苏州市政府，地方纪委介入调查，造成严重的负面影响。

6. 广州 7 标知识城北站严重违规施工事件

2014 年 12 月 24 日上午 11 时左右，广州地铁公司二中心质安室人员到项目部进行检查。下午 2 时左右，王经理查看现场，发现基坑南端还未进行支撑架设施工，并在进行倒土作业，业主当即在项目部会议室组织施工、监理、业主方相关人员召开紧急会议，对项目部违规施工进行严厉批评，并要求施工、监理单位主管领导立即赶往项目进行约谈。图 4-1 为广州 7 标严重违规施工图。

图 4-1　广州 7 标严重违规施工图

事件原因分析：
（1）对深基坑施工技术、安全知识匮乏，又疏于学习。
（2）项目部领导及现场主要管理人员安全意识淡薄、思想麻痹，凭经验办事。
（3）项目部领导及主要管理人员安全隐患意识不强，存在侥幸心理，执行力不到位。
盲目赶进度，野蛮施工，严重违反施工组织设计及深基坑专项施工方案。

7. 昆明地铁 3 号线二工区某车站连续墙位移侵限事件

昆明地铁 3 号线二工区某车站自 2014 年 5 月 6 日开始开挖，基坑东端头开挖至 20 m 时，第四道支撑架设不及时，东端头连续墙开始出现较大变形，自 7 月 28 日至 8 月 15 日持续变形 18 d，东端头连续墙位移最大累计量为 13.36 cm。其中 8 月 1 日、8 月 2 日两天基坑日变化速率最大，均达到 18 mm/d（设计要求不大于 3 mm/d），见图 4-2。其间项目部通过降水，填塞钢围檩缝隙，钢支撑重新加力，减小静、动载等方式抑制基坑变形，但均未取得明显效果。

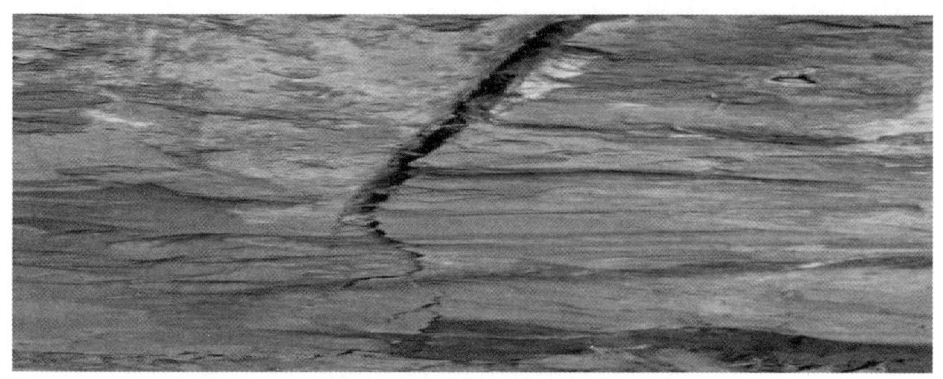

图 4-2　基坑东端头连续墙开裂

事件原因分析：

（1）基坑开挖存在超挖现象，钢支撑架设不及时。

（2）端头井拐角处钢围檩架设不规范，存在位移变形，导致第三、四道支撑预加轴力不足。

（3）项目部管理人员安全意识淡薄，思想麻痹，违规蛮干。

8. 上海地铁的施工事故

2003年7月1日，上海4号线某联络通道渗水，大量流砂涌入，引起隧道部分结构损坏及周边地区地面沉降，造成3幢楼房严重倾斜、下沉，直接经济损失约为1.5亿元人民币。

9. 广州地铁的施工事故

2005年11月3日，广州地铁4号线新造站某隧道内，一侧隧道壁上的电缆组突然坠落，砸中下方多名施工工人，2名工人死亡，另有1人重伤。

10. 北京地铁的施工事故

2006年2月27日，北京地铁10号线某折返线工地，一个起重机设备在使用中钢丝绳绷断，导致吊斗坠落，砸死3人。

2007年3月28日，北京地铁10号线某车站出入口发生一起塌方事故，造成6人死亡。

二、地铁施工事故分析

以上施工阶段出现的安全事故是由多方面引起的，既有内在因素也有外在因素，归纳起来有以下几点：

（1）地铁结构本身及所处位置的工程及水文地质条件。

（2）工程建设周边环境（建筑物、道路和地下管线等）的复杂性。

（3）施工工艺和管理、操作水平。

（4）监理人员的素质、技术能力、管理水平及工作态度。

为解决以上问题，要做好以下几个方面工作：

（1）地铁选线时要尽量避开重大的风险源，这就要求工程地质勘探工作必须做到位，明确哪些是本条线路的重大风险源，其具体位置和现状如何、风险有多大。

（2）要根据具体的工程地质和水文地质条件以及地下管线状况，选择最佳的地铁结构形式和施工方法。

（3）要加强施工中的监控测量工作（包括隧道结构变形、地面沉降、管线变形等），做到信息化施工。

（4）提高监理人员素质、技术能力和管理水平，端正监理的工作态度和责任心。

将以上各个环节加以具体管理并使之正常运转，必然要借助风险管理体系来实现。风险管理可以对危及工程环境和工程自身安全的风险进行全面有效的识别，对这些不确定因素进行系统全面的分析，将不可预见的风险因素转化为定量的指标，并通过计算风险效益来选择风险控制措施，降低各种工程风险，以达到安全、经济、高效的建设目标。

任务三　城市轨道交通工程关键节点风险管控

一、关键节点风险管控原则

关键节点是指轨道交通工程开（复）工或施工过程中风险较大、风险集中或工序转换时容易发生事故和险情的关键工序和重要部位。关键节点风险管控要坚持全面识别、重点管控、各负其责、强化落实的原则。要将开展关键节点施工前条件核查作为关键节点风险管控的重要手段。

（1）规范开展关键节点风险管控。应严格依据《城市轨道交通工程安全质量管理暂行办法》（建质〔2010〕5号）、《城市轨道交通地下工程建设风险管理规范》（GB50652—2011）和《城市轨道交通建设项目管理规范》（GB50722—2011）等制度规定和标准规范，对城市轨道交通工程施工关键工序和重要部位实施风险管控。

（2）强化关键节点风险管控责任落实。各地城市轨道交通工程质量安全监管部门和建设单位等参建各方要高度重视关键节点风险管控工作，全面落实企业主体责任和政府监管责任，不断加强关键节点施工前条件核查，严格控制施工风险。

二、明确关键节点风险管控内容

要按照城市轨道交通工程自身风险和周边环境特点及危险程度确定关键节点风险管控的具体内容。关键节点风险管控内容主要包括：勘察和设计交底的完成情况；专项施工方案编制、审批和专家论证情况；监测方案编制审批及落实情况；施工安全技术交底情况；安全技术措施落实情况；周边环境核查和保护措施落实情况；材料、施工机械准备情况；项目管理、技术人员和劳动力组织情况；应急预案编制审批和救援物资储备情况；相关工程质量检测资料；法规、标准及合同约定的其他情况。

城市轨道交通工程质量安全风险类别重点：

（一）工程施工风险

1. 明挖法施工风险

主要从工程及水文地质、围护结构施工、基坑降水、支撑架设及拆除、土方开挖、主体结构施工等进行风险分析。重点分析永久结构、围护结构（围护桩、连续墙等）、边坡、支撑构件（锚索、围檩、钢支撑）、模板支架的稳定性，以及基坑进水、基底隆起的风险。

2. 盾构法施工风险

主要从工程及水文地质、盾构吊装、盾构始发和到达、盾构开仓及换刀、管片拼装、电瓶车运输、联络通道施工等进行风险分析。重点分析进出洞土体的稳定性、开仓过程中土体稳定性及有害气体、盾构进水的风险。

3. 矿山法施工风险

主要从工程及水文地质、竖井开挖、隧道开挖、爆破作业、联络通道施工、初支及二衬结构施工等进行风险分析。重点分析冒顶、片帮、涌水、模板支架坍塌的风险。

4. 高架段施工风险

主要从工程及水文地质、基础施工、墩身施工、架桥机架设作业、桥面铺装作业、预应力张拉等进行风险分析。重点分析模板支架稳定性。

5. 轨行区及机电安装施工风险

主要分析轨行区吊装、铺轨、安装、装修等作业以及机电设备吊装、运输及安装调试作业的操作风险。

6. 其他施工风险

主要分析工程施工过程中（含施工前场地"三通一平"及房屋拆迁、管线拆改迁、临时建筑物搭建、临时电路架设等前期工作）可能造成设备倾覆、起重伤害、机械伤害、触电、脚手架垮塌、物体打击、高空坠落、火灾、车辆伤害、爆炸伤害（锅炉、容器、瓦斯、炸药）等风险。

（二）自然环境与周边环境风险

1. 自然环境风险

主要包括：天气灾害风险、地震灾害风险、地质灾害风险以及河湖海洋灾害风险等。

2. 周边环境风险

主要包括：工程邻近的建（构）筑物、地下管线、桥梁、隧道、道路、轨道交通设施等风险。

三、严格执行关键节点风险管控程序

关键节点风险管控由建设、监理、施工、勘察、设计、第三方监测等单位相关负责人参加，按以下程序进行：

（1）施工单位根据《关键节点分类清单》编制《关键节点识别清单》，报监理单位审批。

（2）施工单位对照经监理单位批准的《关键节点识别清单》，对关键节点施工前条件自检自评，符合要求的报监理单位。

（3）监理单位对关键节点施工前条件进行预核查，通过后报建设单位。

（4）建设单位（或委托监理单位）依据相关制度规定和标准规范组织开展关键节点施工前条件核查。

（5）通过核查的，方可进行关键节点施工；未通过核查的，相关单位按照核查意见进行整改，整改完成后建设单位重新组织核查。

四、强化风险管控保障措施

1. 明确核查人员工作职责

参加关键节点施工前条件核查的人员应具备相应职业资格,按照建质〔2010〕5号文件和相关标准规范对涉及的施工条件逐项进行核查,形成明确核查意见和书面核查记录(包括影像资料),并对签署的核查意见负责。

2. 加强督促检查

城市轨道交通工程质量安全监管部门要督促参建单位做好关键节点风险管控工作,对因关键节点风险管控不到位而引发事故的责任单位和责任人,要依法进行处理、处罚。

3. 强化风险管控重点防护措施

(1)城市轨道工程地质情况具有难见性,应尽快收集完整地铁沿线相应的水文、地质、地下管线、地下障碍物、土质特性等勘探资料;从系统总平面布置到每一个局部结构都要按照相关规程规范和技术标准进行详细设计,并按规定进行讨论、评审、审核、批准。

(2)施工期间应制定并执行安全生产责任制,明确安全生产管理机构、职能部门和从业人员的安全职责;制定事故管理及隐患排查等安全生产管理制度;制定动土、动火、断路、吊装、进入受限空间等安全作业规程和作业许可制度。同时,加强多工种同时施工时场地和专业的配合协调等。

(3)依据地铁工程相关设计在施工前选择适当的施工方法、辅助工法、结构材料和加固保护措施,制定切实可行的《施工组织计划》《施工安全风险控制措施》和《安全操作与安全作业规程》,经报上级和安全监理确认后实施,在施工中根据施工单位和第三方监测所发现的新情况,及时做出相应的设计变更或应急处置,经安全监理确认后实施。在施工中要进行详细技术交底,确保施工安全。应聘请具有专门技术等级要求的技术人员,对大型设施吊装、主要模板工程、施工主体变形、地表沉降、地下水位变化、建筑物沉降进行严密观测,并根据观测数据调整施工方案,确保施工周边建筑物安全。

(4)由于地铁工程施工的隐蔽性、复杂性和岩土工程的不确定性,应针对地铁工程施工中可能发生的各类事故制定《地铁工程施工突发事故应急预案》。在险情发生时采取有效控制和实施抢险,防止事故蔓延,挽救生命和财产的安全,最大限度降低损失。成立常设的抢险组织,并定期组织演练。

(5)应发挥地铁工程安全监理单位的作用。安全监理应结合地铁工程实际,根据国务院《建设工程安全生产管理条例》《建筑工程施工安全监督导则》和《建设工程监理规范》的要求,制定《城市轨道工程安全生产监理工作的要点》,细化地铁工程监理的安全管理工作,强化监理第二道安全防线的作用。

(6)工程实施前,应对参与工程施工的全体职工(包括外包工)进行专业技能和安全教育培训。并要求作业人员熟悉应急预案,在施工中严格遵守有关安全操作规程和安全作业规程。

(7)施工期间应根据《安全标志》和《安全标志使用导则》的规定,制作和设置安全警示标志和警示说明。在施工、维修、吊装等作业现场设置警戒区域和临时交通等警示标志;在易燃易爆、有毒有害场所的醒目位置设置警示标志;在可能产生职业危害的场所设置公告栏，公布有关职业危害防治的规章制度、操作规程、职业危害事故应急救援措施和作业场所职业危害因素检测结果。

（8）施工期间应妥善保管建筑材料、易燃易爆危险化学品等；完善隧道施工照明、排水及通风；减少施工机具产生的噪声、振动、粉尘，以及施工机械产生的废气和烟雾，确保施工期间从业人员的安全与健康。根据设计要求，采取有效减振、降噪措施，合理排弃废土和污水，减少地铁施工对周边环境的影响。

（9）工程施工期间，应在重要建（构）筑物四周设置监测点，严密注视它们的位移和沉降。当位移和沉降量或变化频率超过规定的报警值时，应立即采取有效的加固措施，可采取对建筑物地基土进行跟踪注浆的措施，且必须对称均匀注浆。同时可采取改变基坑开挖顺序、加快支撑速度等技术措施，避免建筑物发生沉降、开裂。

（10）施工前对地下管线埋藏情况必须要探明，确切弄清地下管线的标高、埋深、走向、规格、容量、用途、性质、完好程度等。在编制工程施工组织设计时，把保护地下管线工作列为施工组织设计的主要内容之一，并在施工总平面布置图上标明影响施工和受施工影响的地下管线。施工期间主要应防止作业机械对管线的损伤，基坑开挖阶段主要应防止开挖引起地表沉降造成管线断裂、破损。应定期观测管线的沉降情况，发现沉降量达到极限值时，及时对管线下地基进行注浆，防止管线过量沉降。对已确定受施工影响较大的管线，应根据具体情况进行加固或改移。施工过程中对可能发生意外情况的地下管线，事先制订应急措施，配备好抢修器材，以便在管线出现险兆时及时抢修，做到防患于未然。施工过程中发现管线现状与交底内容、样洞资料不符或出现直接危及管线安全等异常情况时，立即通知建设单位和有关管线单位到场研究，商议补救措施，在未作出统一结论前，不得擅自处理或继续施工。

（11）各种地铁施工方法和辅助工法的选择不仅需要考虑工程的地质情况、结构类型、设计要求、受力条件和荷载特性，还要综合考虑施工单位的机械配备情况、工程的经济效益以及当地周围的环境等各方面因素。选择施工方法和辅助工法的基本原则是要保护围岩稳定，充分调动和发挥围岩的自承载能力。

（12）在进行支撑支护时，应严格遵循设计和施工规范，加强各工序间的衔接，加快各分部开挖和初期支护施工进度，做到随挖随撑，及时施加轴向预应力，并根据监测对支撑复加应力，以此减小围护结构变形。支撑类型与规格的选用必须符合设计要求、设计轴力及《基坑工程设计规范》的要求。支撑施工时应连接牢固，发现变形，松动或支撑体系出现故障时，必须及时处理，以免围护结构失稳。

（13）要制定特殊气候条件或特殊作业条件下施工的措施，确保在安全的前提下进行特殊条件下的施工。

（14）要积极构建专家参与的中介安全服务平台，充分发挥社会安全中介机构或专家的力量，来保障地铁工程的安全施工。

项目五
地铁车站施工管理

任务一 地铁站项目安全管理制度

一、安全生产责任制

按照项目经理负总责、安全长负专责、各级管理人员负相应责任的原则,全面建立并实行安全责任制和安全逐级负责制。把安全责任目标层层分解,横向到职能部门,纵向到各级领导和每个职工,并逐级签订安全责任状,形成一级保一级,层层抓落实的安全生产责任保障体系。

二、安全技术交底制度

针对本工程城市暗挖施工、交通运输和人身安全风险大、技术含量高等特点,有针对性地制定安全技术措施。每道工序开工前编制安全技术措施及安全生产注意事项,交底至班组,并要求传达到每个作业人员。

三、安全教育制度

(1)加强作业人员的安全教育,使广大工人牢固树立"安全第一,预防为主"的意识,克服麻痹思想,组织职工有针对性地学习有关安全方面的规章制度和安全生产知识,做到思想上重视,生产上严格执行操作规程。

(2)对特殊工种和对施工安全有特殊影响的作业人员,必须经专门安全操作技术培训,考试合格后方可持证上岗。

(3)要经常进行有针对性的安全教育,提高全体人员安全意识和自我保护能力,做到"三不伤害"(即:我不伤害自己,我不伤害别人,我不被别人伤害)。

(4)对新入场工人进行三级安全教育,变换工种时也要进行转岗安全教育。

(5)施工管理人员要进行年度安全培训,专职安全员按规定进行年度培训考核,考核不合格不得继续从事安全员的工作。

四、安全检查制度

安全检查是施工安全管理的一项重要内容。通过检查，能够及时地发现劳动生产中的不安全因素及隐患，及时地采取有效措施，消除人的不安全行为和物的不安全状态，保证生产的正常进行。通过安全检查，及时发现安全管理上的缺陷，及时地加以改进，提高安全生产管理水平。

1. 月度安全检查

由主管安全的副经理组织有安质、工程物资、经营、试验、综合办公室及现场管理人员和分承包方负责人等有关人员参加，在经理部范围内进行全面检查，检查周期为每月一次，并填写安全检查通报。发现问题及时处理，制定对策、保证措施，限期整改，专人复查。

2. 周安全检查

由安质部组织安全员、领工员、技术员及其他有关人员参加的检查，对施工现场进行检查，检查周期为每周进行一次。发现问题，填发安全隐患通知书，及时要求整改并跟踪验证。

3. 日安全检查

由班组长组织，领工员、安全员参加，按照职责分工对本班组及其施工现场进行全过程、全方位全监督。按经理部制定的日常安全检查表格所规定的内容填写。在本班组所在范围内进行检查，检查周期为每天一次。

4. 季节性安全检查

由安质部组织每年按季度进行四次检查，在经理部范围内对夏季防洪、防汛、防台风、防暑降温，冬季防寒、防冻、防滑、防火灾、防中毒情况进行检查。检查时间为每季度末月中旬。

5. 节假日安全检查

由经理部安质部组织每年在"五一""十一""春节"分三次进行节前检查，并填写安全检查通报。

施工安全检查要坚持经常检查和定期检查相结合的形式，及时发现事故隐患，堵塞安全漏洞。项目部组织月检查，工区进行周检查，工班经常进行检查，职工相互监督检查。坚持以自查为主，互查为辅，边查边改的原则，主要查措施落实、制度落实、人员落实、安全隐患和现场施工安全管理。检查出事故隐患时，整改做到定人、定时间、定措施。

五、安全员跟班作业制度

安全人员要佩带"安全员"标志，只要现场有施工就必须有安全员在场，认真贯彻岗位责任制，查出问题及时报告，及时处理。

六、安全警示制度

禁止进入危险场所的措施，要用适当的警示等表示，使有关人员遵守。凡进入施工现场，必须戴安全帽，严禁穿拖鞋、光脚，且服从值班员指挥，遵守各项安全生产管理规定。

七、事故处理报告制度

发生事故必须及时报告，及时处理，坚持"四不放过"的原则，即事故原因分析不清不放过，事故的责任者和群众没受到教育不放过，整改措施得不到落实不放过，事故的责任者不得到严肃处理不放过。同时要及时总结教训，针对事故原因制订出切实可行的防范措施。

八、班前安全活动制度

建立班前安全活动制度，认真做好班前安全活动记录，项目部及工区安全负责人不定期对各个工班班前安全活动和记录进行检查。

任务二　地铁车站施工安全规范

一、车站建筑安全

（1）站台司机立岗处应预留不小于 3 m² 的空间，地面采用防滑材料，司机室与站台间隙不能大于 10 cm。瞭望方向要宽阔无遮挡。高架站在条件允许的情况下设置防雨顶棚。

（2）车站办公区应设置可视对讲及门禁，便于对进入设备、管理区域人员管理。办公区通往公共区的通道门，应全部加装闭门器。

（3）车站门禁系统应覆盖以下区域：通信设备室、信号设备房、站台门控制室、票务室、高压开关柜室、整流变压器、AFC 机房、0.4 kV 开关柜室、通风空调电控室、楼梯间门（往公共区）、左端设备区到公共区的分隔门、右端设备区到公共区的分隔门、站长室、男更、女更、车站控制室、直通公共区的工区用房、司机更衣室、司机换乘室等。

（4）车站办公区内应设置员工卫生间；全线车站、车辆段厕所（除残疾人位）应采用蹲式设计。

（5）车站公共卫生间，男女厕所的位置应统一，符合大众习惯；男女厕所的标牌宜设置在墙面上，便于识别；公共洗手池区域与厕所区域不宜有台阶或者高低差，如有台阶要用带有色差的地砖进行区分，起到提示作用。

（6）公共区尽量不采用斜坡、如确需采用，应做好防滑并增加醒目的警示信息。

（7）每组闸机边应设边门，并加装边门门禁系统，边门门禁能够实现远程遥控及票亭按钮开门功能，区分四类免票人员，具有无线遥控功能，便于大客流及紧急情况下的人员疏散。

（8）车站管理人员办公室，如值班站长、站长室等尽量与车控室相邻近，最好位于车控室对面或隔壁，便于车站管理人员能够更好地监督车控室工作人员的作业情况和及时处置发生突发情况。

（9）车站进入轨行区的阶梯应设置防护栏，避免司机及其他人员不慎跌入误伤。

（10）车站地面、楼梯台阶应设置自发光疏散指示。

（11）车站盲道应通向边门。车站出入口无障碍设施应与市政盲道连接。

（12）车站站外各出入口，有条件的，结合出入口规模适当预留自行车停放位置（面积约 60~100 m²），地面尽量硬化，为后期维护、自行车停车需求以及日常管理创造便利。

（13）车站垃圾桶宜在标配数量上增配至 1.2 倍的数量，并选择较大样式垃圾桶（桶口和容积均较大）。

（14）站厅和站台集水井盖板应考虑美观及强度问题，宜采用角钢做地框，采用花纹钢板上再加带花纹的不锈钢或铝制板材。

（15）车站卫生间面盆采用台下盆时，应在下部加支撑以解决脱胶问题。

（16）地下站风管冷凝水会导致吊顶石膏板受潮脱落，有风管通过的房间，应考虑采用铝制吊顶板。

（17）票亭玻璃门安装，应在玻璃上开孔采用铰链安装，门夹与玻璃固定不够牢靠，容易掉落。

（18）干挂石材（瓷砖）背面须采用干挂五金件，严禁仅用胶粘贴，避免掉落伤人。

（19）出入口卷帘门、非消防通道的防火卷帘门应采用片状通孔门，且应采用通用件。管状门运营事件不长即会出现管状材料断裂，且不好更换。

（20）在出入口必须设置防火卷帘门处宜增加一道轻质安保卷帘门，避免防火卷帘门每日使用增加故障发生频率。

（21）车站茶水间应配备茶水炉，并配置茶水托盘及下水管道。为降低能耗，茶水炉应采用步进式开水炉（节能型，可降低能耗 60%）。

（22）出入口附近的排水槽盖板，应采用价值较低、防滑且不宜变形的材质，避免乘客摔伤的同时兼顾防盗。

（23）站外导向倒 L 牌（PDS）尽可能明示锁处地铁线路、距离、换乘信息以及地铁标识等要素。

二、工程防水安全

（1）结构伸缩缝、天窗勾缝等易引起渗漏部位应加强防水设计。天窗勾缝应选用优质、耐久性好的密封胶，应保证施工过程中基层干净、干燥等。

（2）转辙机基坑应加强防水设计。

（3）车站附属结构外墙采用砖墙时应考虑防水设计。

三、通风、空调与采暖安全

（1）站台两端位于轨顶附近的送风管泄压口风阀应设计为电动阀，并应由 BAS 界面操作。

（2）地下车站通信、信号、站台门、AFC、PIS、综合监控等设备房应增加设计独立空调制冷系统，应在车控室等驻人房间增设小系统风口调节阀。

（3）集控冷站控制所需的水系统温度、压力参数应直接从现场传感器采样，不宜采集冷机数据。

（4）地面及高架站设备用房和管理用房多联机空调应分别设置独立空调主机，确保冬季管理用房制热、设备用房制冷的不同需求。

四、给水与排水安全

（1）车站消防总进水管宜在表后分别设计安装电动阀门，并在地下站区间消防水管的隧道口设电动蝶阀，且安装检修阀门，电动阀门须实现车控室内的远程控制和就地控制。

（2）车站生活水管如直接从消防管引出，应设计安装生活水表和止回阀。空调冷却水系统应装阀门，在补水管应加装水表。

（3）商业生活用水、商业空调冷却系统补水应安装独立水表计量系统。

（4）所有水管线不得穿越电气设备房。

（5）区间废水泵房、车站主废水泵房、雨水泵房应设计起吊装置。

（6）站内卫生间不应采用同层排水系统，车站卫生间大便冲洗阀不宜设计为暗埋式水箱，宜采用脚踏式。

五、供电安全

（1）高架站应急照明应与地下站统一设计，均采用 EPS 屏集中供电，设备区应急照明具有火灾工况下强启的功能，公共区应急照明为长明灯。

（2）在设计中预留 2～3 个贿赂供票亭的照明、空调使用，边门门禁电源应单独设计，且不应与 AFC 系统电源共用。

（3）车站出入口照明应与公共区照明分回路配电，有盖出入口照明应采用 BAS 控制；高架站的照明设计应考虑对周边居民生活的影响。

（4）车站设备区域楼梯转角上方、地下站风道及逃生通道、变电所等顶部较高处的照明应采用壁灯，安装高度不超过 2.5 m。

（5）车站公共区域不宜设置地插，在公共区域边墙及结构柱上应设置足够插座，或单独设置公共区自主服务机配电箱，具有漏电保护功能并与车站照明分开。

（6）车站卷帘门（防火卷帘门除外）电源应设置独立的配电回路和独立的配电箱，在配电室内集中控制；同时根据车站卷帘门的负荷性质分别接至不同负荷等级的电源。

六、通信安全

（1）控制中心行车调度及环控与防灾调度配置专用调度电话、无线调度电话、CCTV 调看终端、广播操作盒。

（2）控制中心各调度使用的公务电话应据欧录音功能，既可接入录音设备，也可用录音电话替代；车站票亭内设公务电话。

（3）车站应设置 8 路以上录音设备，对车站级的专用、公务、广播、无线进行集中录音，录音保存时间 30 d 以上，或对车控室内公务电话用录音电话替代。

（4）应充分考虑正线的折返线、辅助线、存车线等无线覆盖，即列车到达区域均能苟实现无线全覆盖。

（5）车站广播台的各功能宜采用软件实现，便于灵活使用，软件可集中于车站综合监控主机，终端操作界面应只管，背景音乐应能够方便修改，音量可调，语音信息的录入应方便、灵活，应具备预播功能。

（6）重点大客流车站和换乘站安装扬声器疏导客流。

（7）车站票亭、票务室、车控室应设监控系统，票亭、车控室还应有录音功能，并独立于专网 CCTV 系统独立组网，在车站沿线及控制中心、车辆段设立 4~5 台调看终端。

（8）车站的每部电扶梯上、下端均应设置摄像机，实现对电扶梯的运行状态全监控。在出入口卷帘门外部需设置摄像机，以便运营结束后实现夜晚对出入口的公安及运营监视的需要。

（9）站台上/下行中部应设 2 台高清摄像机对向监控，在站台 1/4 处宜增设 1 台高清摄像机（共 4 台，不再车控室 4 画面显示器显示），站台列车监视器采用 2 台单画面显示器，仅可显示站台中部设置的 2 台高清摄像机图像。

（10）在站台司机立岗处应设置监控，对司机上下列车进行监视；在所有站外残梯处设置监控，便于车站管理。

（11）时钟系统，基地、停车场、高架站、地面站应加装子钟防雷器。

（12）车站宜用网线在每个房间均布设电话和网络面板。

（13）设备接地施工需严格依照规范，且有各子系统地线分布及报告。

（14）票亭、票务室应预留公务电话和专用电话接口。

七、信号安全

（1）本地 ATS 系统宜提供基本的列车运行自动调整功能。

（2）所有信号操作界面（LOW、CLOW、HMI 等）显示的元素符号及着色应对应一致，故障动画信息对应一致。

（3）PIS 系统在控制中心和车站提供相应的设备房，不列入通信信号机房，以免 PIS 操作和维护人员进出对行车设备造成影响。

八、机电设备安全

（1）自动扶梯在双电源切换时不应出现死机不能开启等情况。

（2）垂直电梯、自动扶梯应具备故障自诊断功能（报故障代码）。

（3）车站电扶梯客货两用，应考虑加强各部位结构承载能力，尤其应加强厅、轿门地槛支撑件承载能力，减少使用中的损坏。

（4）垂直电梯轿内照明灯应采用节能光源，不宜采用日光灯管。

（5）垂直电梯的层显及召唤面板应安装牢固，不应采用胶粘固定，应采用永久牢固的安装方式，并兼顾维护方便。

（6）电梯的五方对讲系统应具备防干扰设计，不应出现吼叫、音量小等干扰通话的情况。

（7）出入口自动扶梯条件允许情况下不宜置于露天，避免雨水造成安全隐患及缩短使用寿命。出入口自动扶梯基坑均应设计固定的集排水设施。

（8）自动扶梯相关的警示牌应根据现场市级情况提前设计，其功能应有视觉提示，碰撞缓冲及限制乘客身体进入危险区域的三种功能。

九、防灾与报警安全

（1）消防电话系统宜采用多线制消防电话。
（2）在 IBP 盘上对 BAS 系统单独设置"有效/无效"开关。
（3）为适应节能需求，隧道工作照明应由 BAS 控制。
（4）火灾模式下，BAS 系统能屏蔽该模式下需动作设备的非自动状态。
（5）门禁系统读卡位数应与既有线路相统一。
（6）IBP 盘门禁释放方式应为硬件触发。

十、站台门安全

（1）有站前折返需求的车站应安装具备互锁功能的双 PSL（就地操作盒），并且在监控上显示相关信息。
（2）每个滑动门单元均应安装蜂鸣器。
（3）PSL（就地控制盘）上的"互锁解除"钥匙开关宜设计为非自复式或两位开关。
（4）单门模式开关应统一设计为自动、隔离、手动开、手动关四个挡位。开关打至隔离位时，单元门的开关状态应不影响安全回路。
（5）站台门钥匙应与列车车门、列车电器柜门钥匙通用。

任务三　地铁主体车站施工安全

地铁工程具有投资大，施工周期长、施工项目多、施工技术复杂、不可预见风险因素多和对社会环境影响大等特点，可能会对施工影响区内环境，如地面建筑物、道路、地下构筑物及地下管网等的安全造成影响和破坏，因此是一种高风险建设工程项目。

一、地铁车站道路结构

（一）按结构强度分类

高级路面：具有路面强度高、刚度大、稳定性好的特点。
次高级路面：路面强度、刚度、稳定性、使用寿命、车辆行驶速度、适应交通量等均低于高级路面，但维修、养护、运输费用较高。

（二）按力学特性分类

柔性路面——荷载作用下产生的弯沉变形较大、抗弯强度小，在反复荷载作用下产生累积变形，它的破坏取决于极限垂直变形和弯拉应变。

柔性路面主要代表是各种沥青类路面。

刚性路面——行车荷载作用下产生板体作用，抗弯拉强度大，弯沉变形很小，呈现出较大的刚性，它的破坏取决于极限弯拉强度。

刚性路面主要代表是水泥混凝土路面。

（三）车站路面结构组成特点

1. 沥青路面结构组成特点（见图 5-1）

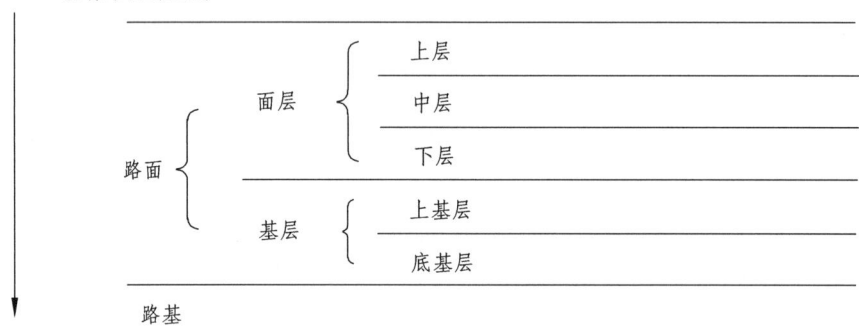

图 5-1　沥青路面结构组成

（1）市政道路上的沥青路面结构由面层、基层和路基组成。

（2）行车载荷和自然因素对路面的影响随深度的增加而逐渐减弱，因而对路面材料的强度、刚度和稳定性的要求也随深度的增加而逐渐降低。

2. 混凝土路面结构组成特点（见图 5-2）

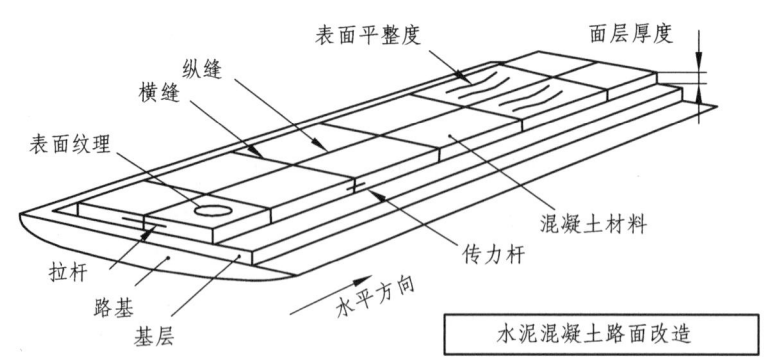

图 5-2　水泥混凝土路面构造

1）垫　层

（1）防冻垫层——在季节性冰冻地区。

（2）排水垫层——水文地质条件不良的土质路堑，路基土湿度较大时。

（3）半刚性垫层——路基可能产生不均匀沉降或不均匀变形时。

垫层的宽度应与路基宽度相同，其最小厚度为 150 mm。

防冻垫层和排水垫层宜采用砂、砂砾等颗粒材料。半刚性垫层宜采用低剂量水泥、石灰等无机结合稳定粒料或土类材料。

2）基　层

基层材料的选用原则：根据道路交通等级和路基抗冲刷能力来选择基层材料。特重交通宜选用贫混凝土、碾压混凝土或沥青混凝土；重交通道路宜选用水泥稳定粒料或沥青稳定碎石；中、轻交通道路宜选择水泥或石灰粉煤灰稳定粒料或级配粒料。湿润和多雨地区，繁重交通路段宜采用排水基层。

3）面　层

面层混凝土通常分为普通（素）混凝土、钢筋混凝土、连续配筋混凝土、预应力混凝土等。目前我国多采用普通（素）混凝土。水泥混凝土面层应具有足够的强度、耐久性（抗冻性），表面抗滑、耐磨、平整。

为防止胀缩作用导致裂缝或翘曲，混凝土面层设有垂直相交的纵向和横向接缝，形成一块块矩形板。一般相邻的接缝对齐，不错缝。每块矩形板的板长按面层类型、厚度并由应力计算确定。

（1）纵向接缝——路面宽度和施工铺筑宽度设置。

（2）横向接缝——分为横向施工缝、横向缩缝、横向胀缝。

① 横向施工缝——尽可能选在缩缝或胀缝处。

② 横向缩缝——快速路、主干路的横向缩缝应加设传力杆。

③ 横向胀缝——在邻近桥梁或其他固定构筑物处或与其他道路相交处、板厚改变处、小半径平曲线等处，应设置胀缝。

（四）车站道路路基施工安全技术

1. 施工特点

路基施工以机械作业为主，人工配合为辅，采用流水或分段平行作业方式（见图 5-3）。

图 5-3　路基施工

2. 施工项目

城市道路路基工程包括路基（路床）本身及有关的土（石）方、沿线的涵洞、挡土墙、路肩、边坡、排水管线等项目。

3. 基本流程

（1）按照交通导行方案设置围挡，导行临时交通。

（2）开工前，施工项目技术负责人应依据获准的施工方案向施工人员进行技术安全交底，强调工程难点、技术要点、安全措施。

（3）施工控制桩放线测量，建立测量控制网，恢复中线，补钉转角桩、路两侧外边桩等。

（4）施工前，应根据工程地质勘察报告，对路基土进行天然含水量、液限、塑限、标准击实、CBR 试验。

4. 附属构筑物

涵洞（管）等构筑物可与路基（土方）同时进行，但新建的地下管线施工必须遵循"先地下，后地上""先深后浅"的原则。

5. 路基（土、石方）施工

开挖路堑、填筑路堤，整平路基、压实路基、修整路床，修建防护工程等。

二、桥梁结构的定义、组成与类型

1. 桥梁的定义

桥梁，一般指架设在江河湖海上，使车辆行人等能顺利通行的构筑物。为适应现代高速发展的交通行业，桥梁亦引申为跨越山涧、不良地质或满足其他交通需要而架设的使通行更加便捷的建筑物。

桥梁结构见图 5-4。

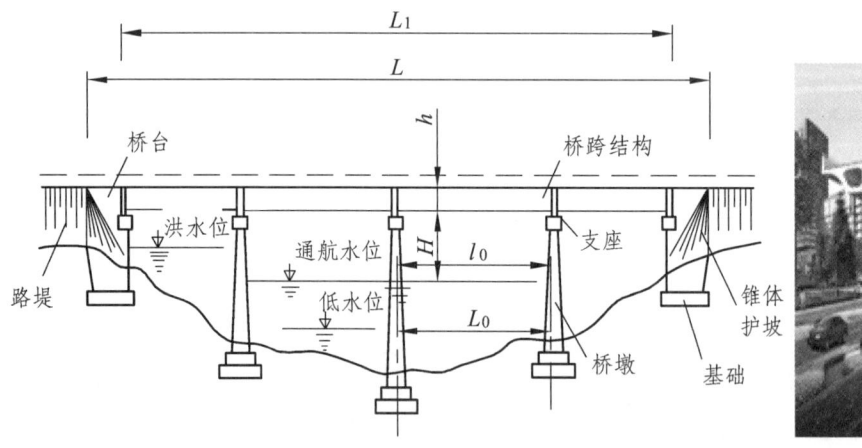

图 5-4 桥梁示意

2. 桥梁的基本组成

桥梁由"五大部件"与"五小部件"组成。见图 5-5、图 5-6 所示。

1）五大部件

五大部件是指桥梁承受运输车辆和（或）其他荷载的桥跨上部结构与下部结构，它们必须通过承受荷载的计算与分析，是桥梁结构安全性的保证。包括：

（1）桥跨结构。
（2）支座系统。
（3）桥墩。
（4）桥台。
（5）墩台基础。

图 5-5　桥梁结构示意

上述前两个部件是桥跨上部结构，后三个部件是桥跨下部结构。

2）五小部件

五小部件是直接与桥梁服务功能有关的部件，过去总称为桥面构造。包括：

（1）桥面铺装（或称行车道铺装）。
（2）排水防水系统。
（3）栏杆（或防撞栏杆）。
（4）伸缩缝。
（5）灯光照明。

图 5-6　桥面构造图

三、车站形式与结构组成

（一）地铁车站形式与结构组成

1. 地铁车站形式分类

地铁车站根据其所处位置、埋深、运营性质、结构横断面、站台形式等进行不同分类，具体详见表 5-1。

表 5-1 地铁（轻轨交通）车站的分类

分类方式	分类情况	备 注
车站与地面相对位置	高架车站	车站位于地面高架结构上，分为路中设置和路侧设置两种
	地面车站	车站位于地面，采用岛式或侧式均可，路堑式为其特殊形式
	地下车站	车站结构位于地面以下，分为浅埋、深埋车站
运营性质	中间站	仅供乘客上、下乘降用，是最常用、数量最多的车站形式
	区域站	在一条轨道交通线中，由于各区段客流的不均匀性，行车组织往往采取长、短交路（亦称大、小交路）的运营模式。设于两种不同行车密度交界处的车站，称之为区域站（即中间折返站，短交路列车在此折返）
	换乘站	位于两条及两条以上线路交叉点上的车站。具有中间站的功能外，还可让乘客在不同线上换乘
	枢纽站	枢纽站是由此站分出另一条线路的车站。该站可接、送两条线路上的列车
	联运站	指车站内设有两种不同性质的列车线路进行联运及客流换乘。联运站具有中间站及换乘站的双重功能
	终点站	设在线路两端的车站。就列车上、下行而言，终点站也是起点站（或称始发站）。终点站设有可供列车全部折返的折返线和设备，也可供列车临时停留检修
结构横断面	矩 形	矩形断面是车站中常选用的形式。一般用于浅埋、明挖车站。车站可设计成单层、双层或多层；跨度可选用单跨、双跨、三跨及多跨形式
	拱 形	拱形断面多用于深埋或浅埋暗挖车站，有单拱和多跨连拱等形式。单拱断面由于中部起拱较高，而两侧拱脚相对较低，中间无柱，因此建筑空间显得高大宽阔。如建筑处理得当，常会得到理想的建筑艺术效果。明挖车站采用单跨结构时也有采用拱形断面的
	网 形	为盾构法施工时常见的形式
	其 他	如马蹄形、椭圆形等
站台形式	岛式站台	站台位于上、下行线路之间。具有站台面积利用率高、提升设施共用，能灵活调剂客流、使用方便、管理较集中等优点。常用于较大客流量的车站。其派生形式有曲线式、双鱼腹式、单鱼腹式、梯形式和双岛式等
	侧式站台	站台位于上、下行线路的两侧。侧式站台的高架车站能使高架区间断面更趋合理。常见于客流不大的地下站和高架的中间站。其派生形式有曲线式、单端喇叭式、双端喇叭式、平行错开式和上、下错开式等形式
	岛、侧混合站台	将岛式站台及侧式站台同设在一个车站内。常见的有一岛一侧，或一岛两侧形式。此种车站可同时在两侧的站台上、下车。共线车站往往会出现此种形式

2. 构造组成

地铁车站通常由车站主体（站台、站厅、设备用房、生活用房），出入口及通道，通风道及地面通风亭等三大部分组成。如图 5-7 所示。

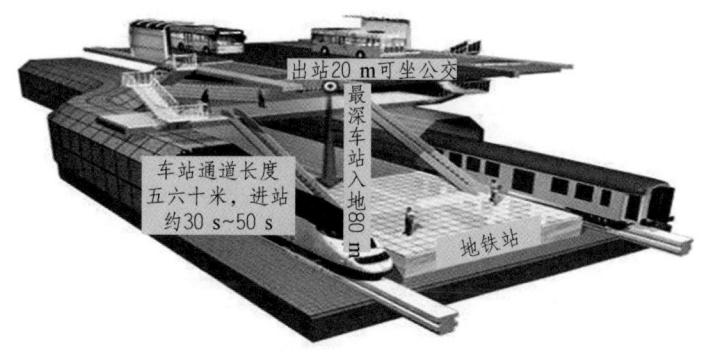

图 5-7 地铁车站示意

（二）施工方法（工艺）与选择安全条件

施工方法的决定，不仅要从技术、经济、修建地区具体条件考虑，而且还要考虑施工方法对城市生活的影响。

1. 明挖法施工（图 5-8）

（1）明挖法是先从地表面向下开挖基坑至设计标高，然后在基坑内的预定位置由下而上地建造主体结构及其防水措施，最后回填土并恢复路面。

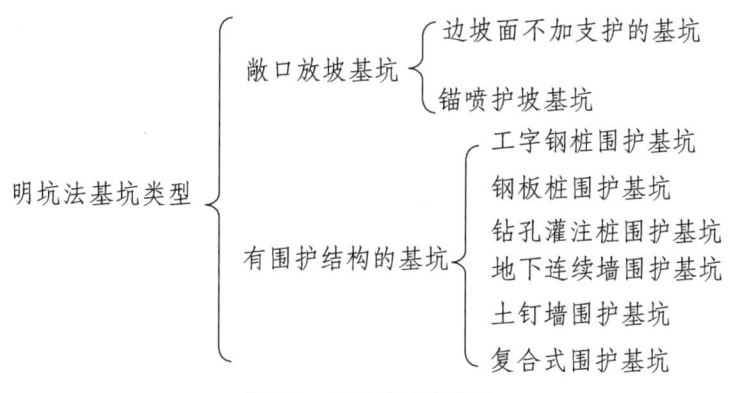

图 5-8 明挖法基坑类型

（2）明挖法是修建地铁车站的常用施工方法，具有施工作业面多、速度快、工期短、易保证工程质量、工程造价低等优点，因此，在地面交通和环境条件允许的地方，应尽可能采用。

（3）明挖法施工基坑可以不设围护敞口开挖，可以设置围护结构。

放坡基坑——基坑所处地面空旷，周围无建筑物或建筑物间距很大，地面有足够空地能满足施工需要又不影响周围环境。这种基坑施工简单、速度快、噪声小，无须做围护结构。如图 5-9 所示。

适当加固的敞口开挖——因场地限制，基坑边坡坡度稍陡于规范规定。如土钉加混凝土喷抹面对边坡加以支护,也可设置重力式挡墙后垂直开挖。即使如此,该方法的造价仍然是较低的。如图 5-10 所示。

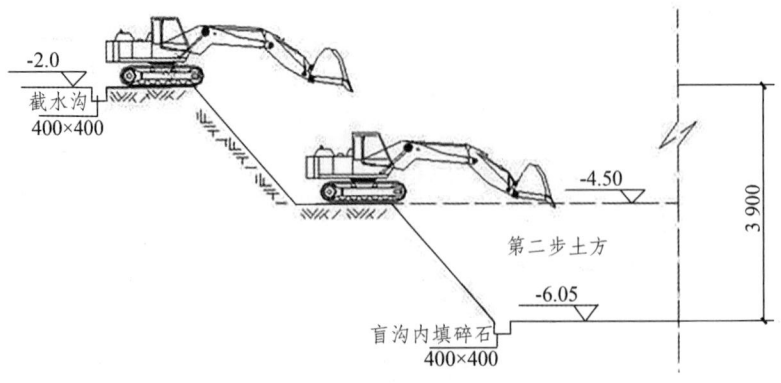

图 5-9　放坡基坑图

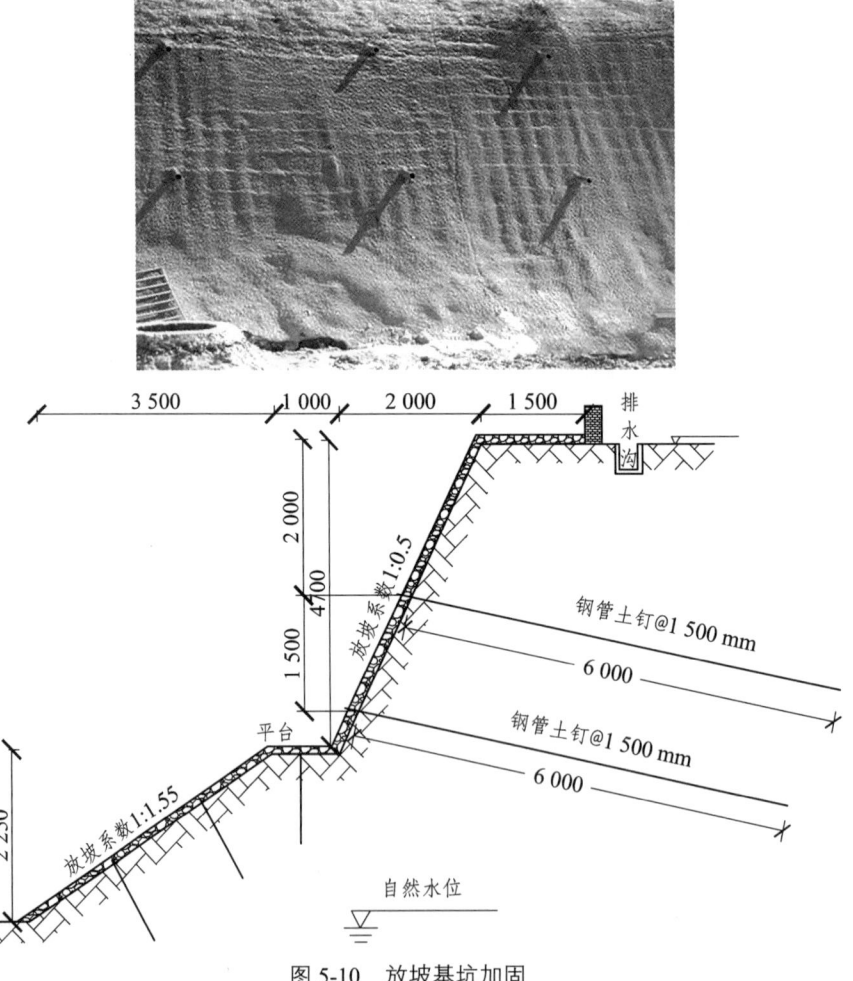

图 5-10　放坡基坑加固

有围护结构的基坑——基坑很深,地质条件差,地下水位高,特别是又处于繁华市区,地面建筑物密集,交通繁忙,无足够空地满足施工需要,没有条件采用敞口基坑。如图 5-11 所示。

图 5-11　放坡基坑围护

(4)明挖法基坑支护结构选择时,应综合考虑基坑周边环境和地质条件的复杂程度,首先确定基坑安全等级,然后根据等级选用基坑支护结构。《建筑基坑支护技术规程》JGJ120—2012 的基坑支护结构安全等级划分见表 5-2;对于同一基坑的不同位置,可采用不同的安全等级。

表 5-2　基坑支护结构的安全等级

安全等级	破　坏　后　果	
一级	支护结构失效	土体过大变形对基坑周边环境或主体结构施工安全的影响很严重
二级	支护结构失效	土体过大变形对基坑周边环境或主体结构施工安全的影响严重
三级	支护结构失效	土体过大变形对基坑周边环境或主体结构施工安全的影响不严重

2. 盖挖法施工

(1)盖挖法施工也是明挖施工的一种形式,与常见的明挖法施工的主要区别在于施工方法和顺序不同:盖挖法是先盖后挖,即先以临时路面或结构顶板维持地面畅通,再向下施工。

(2)施工基本流程:在现有道路上按所需宽度,以定型标准的预制棚盖结构(包括纵、横梁和路面板)或现浇混凝土顶(盖)板结构置于桩(或墙)柱结构上维持地面交通,在棚盖结构支护下进行开挖和施作主体结构、防水结构,然后回填土并恢复管、线、路或埋设新的管、线、路。最后恢复道路结构。

(3)盖挖法可分为盖挖顺作法、盖挖逆作法及盖挖半逆作法。目前,城市中施工采用最多的是盖挖逆作法。

① 盖挖顺作法。盖挖顺作法的具体施工流程见图 5-12。

盖挖顺作法主要依赖坚固的挡土结构,根据现场条件、地下水位高低、开挖深度以及周围建筑物的邻近程度可选择钢筋混凝土钻(挖)孔灌注桩或地下连续墙。对于饱和的软弱地层,应以刚度大、止水性能好的地下连续墙为首选方案。目前,盖挖顺作法中的挡土结构常用来作为主体结构边墙体的一部分或全部。

② 盖挖逆作法。盖挖逆作法的具体施工流程见图 5-13。盖挖逆作法施工时,先施作车站周边围护桩和结构主体桩柱,然后将结构盖板置于桩(围护桩)、柱(钢管柱或混凝土柱)上,自上而下完成土方开挖和边墙、中隔板及底板衬砌的施工。盖挖逆作法是在明挖内支撑基坑基础上发展起来的,施工过程中不需设置临时支撑,而是借助结构顶板、中板自身的水平刚

度和抗压强度实现对基坑围护桩（墙）的支护作用。

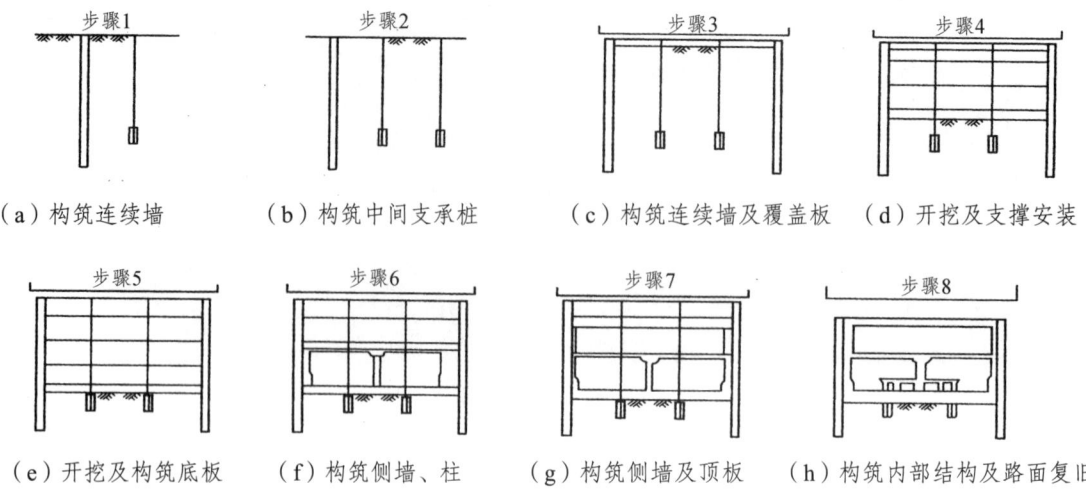

图 5-12　盖挖顺作法施工流程

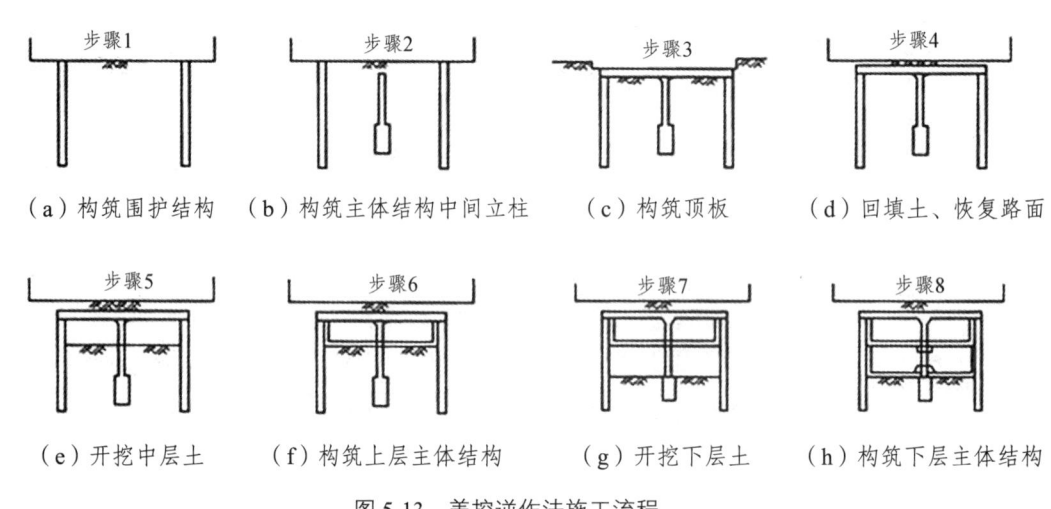

图 5-13　盖挖逆作法施工流程

③盖挖半逆作法。类似逆作法，其区别仅在于顶板完成及恢复路面过程，盖挖半逆作法的施工步骤见图 5-14。在半逆作法施工中，一般都必须设置横撑并施加预应力。

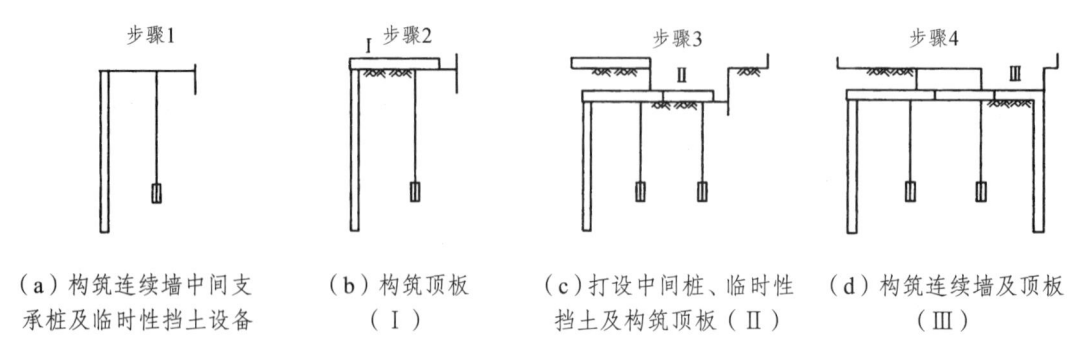

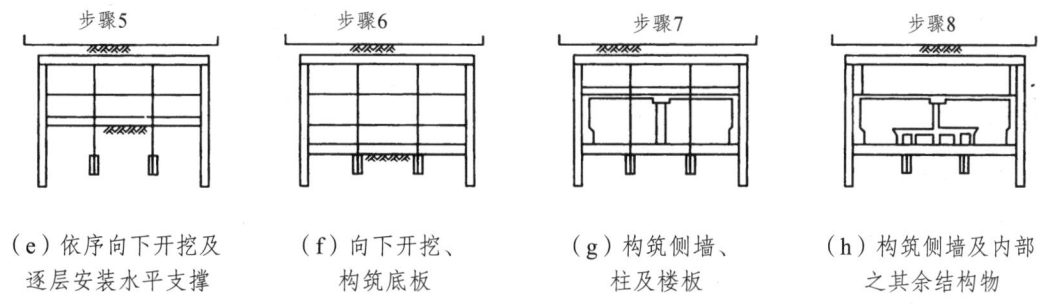

(e) 依序向下开挖及逐层安装水平支撑　　(f) 向下开挖、构筑底板　　(g) 构筑侧墙、柱及楼板　　(h) 构筑侧墙及内部之其余结构物

图 5-14　盖挖半逆作法施工流程

采用逆作或半逆作法施工时都要注意混凝土施工缝的处理问题，由于它是在上部混凝土达到设计强度后再接着往下浇筑的，而混凝土的收缩及析水，施工缝处不可避免地要出现 3~10 mm 宽的缝隙，将对结构的强度、耐久性和防水性产生不良影响。

在逆作法和半逆作法施工中，如主体结构的中间立柱为钢管混凝土柱，而柱下基础为钢筋混凝土灌注桩时，需要解决好两者之间的连接问题。一般是将钢管柱直接插入灌注桩的混凝土内 1.0 m 左右，并在钢管柱底部均匀设置几个孔，以利混凝土流动，同时也可加强桩、柱间连接。有时也可在钢管柱和灌注桩之间插入 H 型钢加以连接。

3. 喷锚暗挖法施工

喷锚暗挖法（又称矿山法）对地层的适应性较广，适用于结构埋置较浅、地面建筑物密集、交通运输繁忙、地下管线密布，以及对地面沉降要求严格的城镇地区地下构筑物施工。

1）新奥法施工（图 5-15）

新奥法要求初期支护有一定柔度，以利用和充分发挥围岩的自承能力。

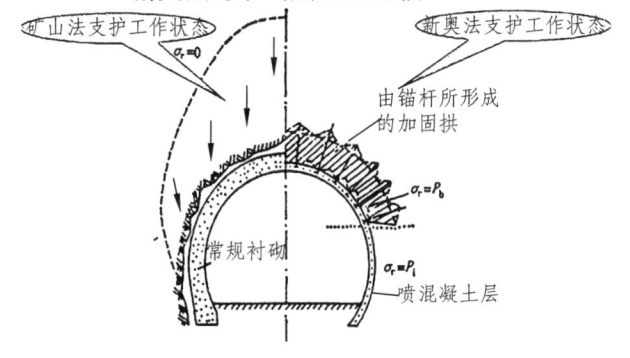

图 5-15　新奥法施工

2）浅埋暗挖法施工（图 5-16）

在城镇软弱围岩地层中，在浅埋条件下修建地下工程，以改造地质条件为前提，以控制地表沉降为重点，以格栅（或其他钢结构）和锚喷作为初期支护手段，遵循"新奥法"大部分原理，按照"十八字"方针（即管超前、严注浆、短开挖、强支护、快封闭、勤量测）进行隧道的设计和施工，称之为浅埋暗挖技术。

浅埋暗挖法要求初期支护有一定刚度。设计时并没有充分考虑利用围岩的自承能力，这是与"新奥法"主要区别。

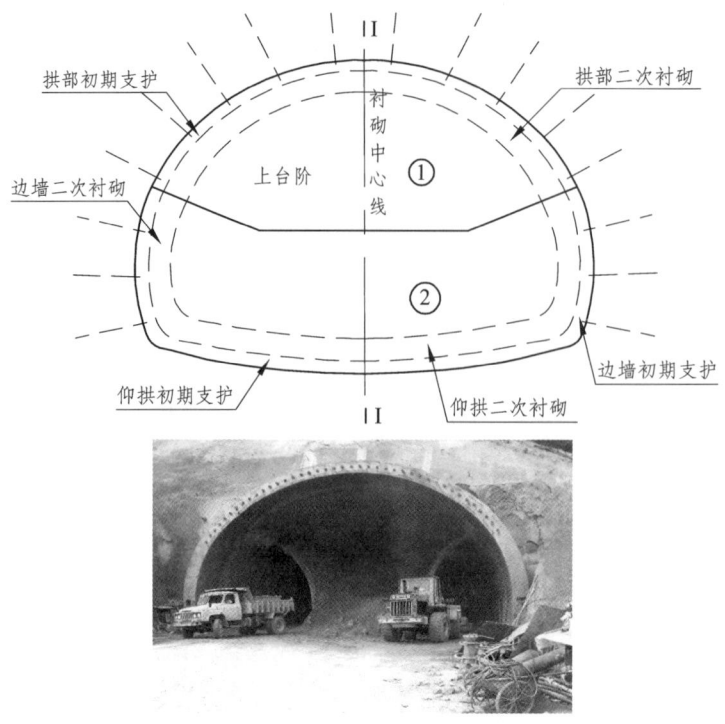

图 5-16　浅埋暗挖法施工

采用浅埋暗挖法时要注意其适用条件：

首先，浅埋暗挖法不允许带水作业。大范围的淤泥质软土、粉细砂地层，降水有困难或经济上选择此工法不合算的地层，不宜采用此法。

其次，采用浅埋暗挖法要求开挖面具有一定的自立性和稳定性。对开挖面前方地层的预加固和预处理，视为浅埋暗挖法的必要前提，目的就在于加强开挖面的稳定性，增加施工的安全性。

常用的单跨隧道浅埋暗挖方法选择（根据开挖断面大小）见图 5-17。

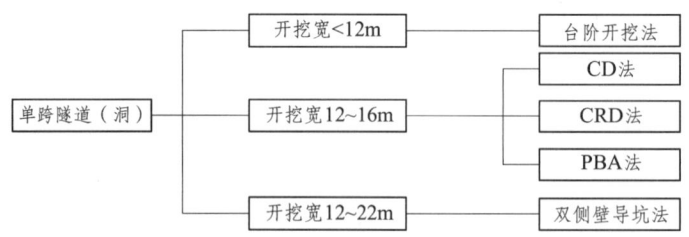

图 5-17　常用的单跨隧道浅埋暗挖方法选择

（三）不同方法施工的地铁车站结构

1. 明挖法施工车站结构

主要采用矩形框架结构或拱形结构。其中，矩形框架结构是明挖车站中采用最多的一种形式，根据功能要求，可以双层于单跨、双跨或多层多跨等形式。侧式车站一般采用双跨结构；岛式车站多采用双跨或三跨结构。站台宽度不大于 10 m 时宜采用双跨结构，有时也采用单跨结构。在道路狭窄的地段建地铁车站，也可采用上、下行线重叠的结构。

明挖地铁车站结构由底板、侧墙及顶板等围护结构和楼板、梁、柱及内墙等内部构件组合而成。它们主要用来承受施工和运营期间的内中外部荷载，提供地铁必需的使用空间，同时也是车站建筑造型的有机组成部分。

1）顶板和楼板

2）底　板

几乎都采用以纵梁和侧墙为支承的梁式板结构，这有利于整体道床和站台下纵向管道的铺设。

3）侧　墙

当采用地下连续墙时，可利用它们作为主体结构侧墙的一部分或全部。

4）立　柱

一般采用钢筋混凝土结构。按常规荷载设计的地铁车站站台区的柱距一般取 6～8 m。当车站与地面建筑合建或为特殊荷载控制设计，柱的设计荷载很大时，可采用钢管混凝土柱、劲性钢筋高强混凝土柱。

2. 盖挖法施工车站结构

1）结构形式

在城镇交通要道区域采用盖挖法施工的地铁车站多采用矩形框架结构。

软土地区地铁车站一般采用地下墙或钻孔灌注桩作为施工阶段的围护结构。地下墙可作侧墙结构的一部分，也可将单层地下墙作为主体结构侧墙结构。

2）侧　墙

砂性地层中不宜采用单层侧墙。

3）中间竖向临时支撑系统

中间竖向临时支撑系统由临时立柱及其基础组成，系统的设置方法有 3 种：

（1）在永久柱的两侧单独设置临时柱。

（2）临时柱与永久柱合一。

（3）临时柱与永久柱合一，同时增设临时柱。

3. 喷锚暗挖（矿山）法施工车站结构

可采用单拱式车站、双拱式车站或三拱式车站，并根据需要可作成单层或双层。此类车站的开挖断面一般为 150～250 m^2。如图 5-18 所示。

1）单拱车站隧道

可以获得宽敞的空间和宏伟的建筑效果，在岩石地层中采用较多。

2）双拱车站隧道

双拱车站有两种基本形式，即双拱塔柱式和双拱立柱式。

3）三拱车站

三拱车站亦有塔柱式和立柱式两种基本形式，土层中大多采用三拱立柱式车站。

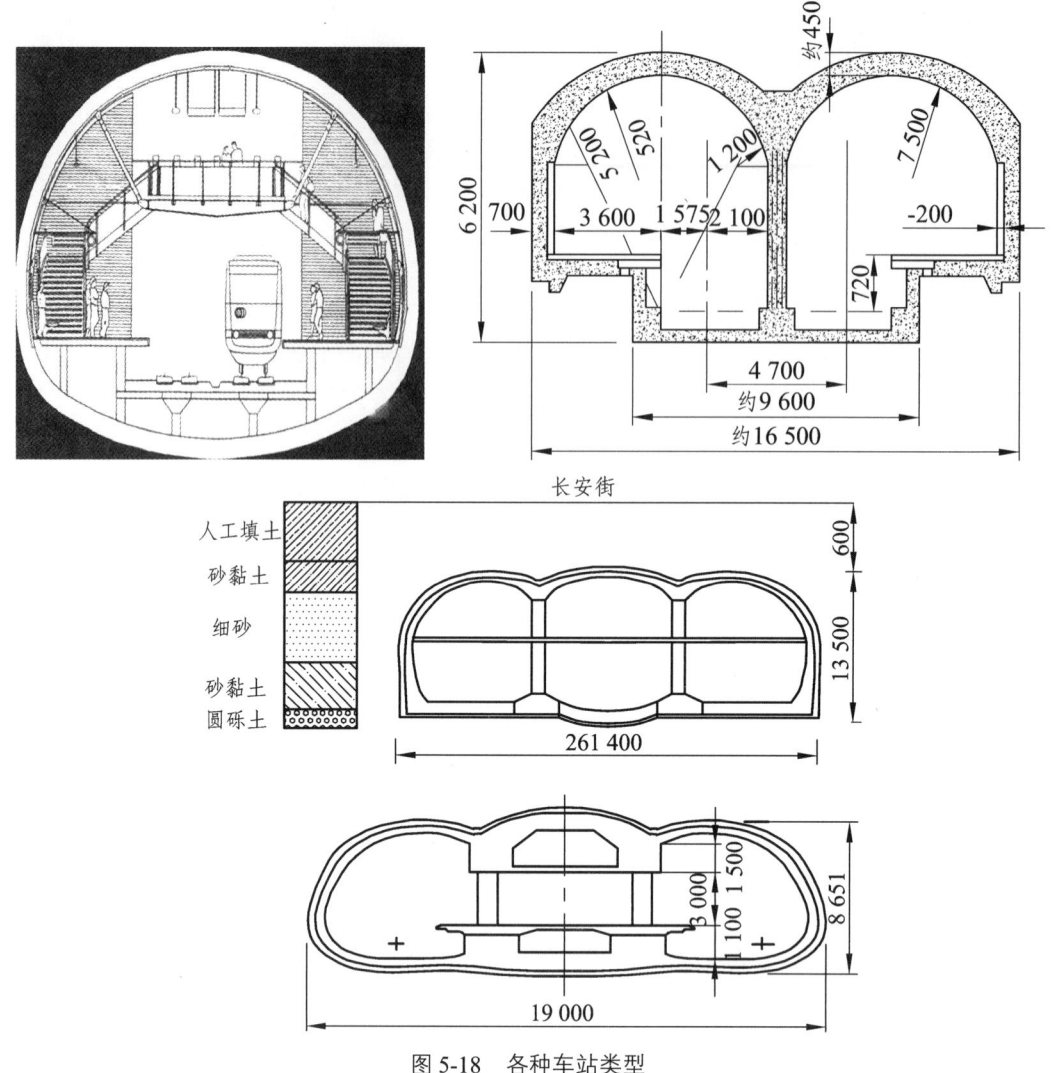

图 5-18 各种车站类型

四、区间隧道结构与安全施工方法

（一）不同方法施工地铁区间隧道的结构形式

1. 明挖法施工隧道

在场地开阔、建筑物稀少、交通及环境允许的地区，应优先采用施工速度快、造价较低的明挖法施工。明挖法施工的地下铁道区间隧道结构通常采用矩形断面。如图 5-19 所示。

1）整体式衬砌结构

明挖现浇隧道结构断面分单跨、双跨等形式，由于结构整体性好，防水性能容易得到保证，可适用于各种工程地质和水文地质条件；但是，施工工序较多，速度较慢。

2）预制装配式衬砌

预制装配式衬砌的结构形式应根据工业化生产水平、施工方法、起重运输条件、场地条件等因地制宜选择，目前以单跨和双跨较为通用。关于装配式衬砌各构件之间的接头构造，除了要考虑强度、刚度、防水性等方面的要求外，还要求构造简单、施工方便。装配式衬砌整体性较差，对于有特殊要求（如防护、抗震等）的地段要慎重选用。

图 5-19　矩形断面明挖法施工

2. 喷锚暗挖（矿山）法施工隧道

在城市区域、交通要道及地上地下构筑物复杂地区，隧道施工用喷锚暗挖法通常是一种较好的选择；隧道施工时，一般采用拱形结构，其基本断面形式为单拱、双拱和多跨连拱。前者多用于单线或双线的区间隧道或联络通道，后两者多用在停车线、折返线或喇叭口岔线上。如图 5-20 所示。

图 5-20　喷锚暗挖（矿山）法施工

采用喷锚暗挖法隧道衬砌又称为支护结构或初期支护，其作用是加固围岩并与围岩一起组成一个有足够安全度的隧道结构体系，共同承受可能出现的各种荷载。

1）衬砌的基本结构类型——复合式衬砌

这种衬砌结构是由初期支护、防水隔离层和二次衬砌所组成，复合式衬砌外层为初期支护，其作用是加固围岩，控制围岩变形，防止围岩松动失稳，是衬砌结构中的主要承载单元。一般应在开挖后立即施作，并应与围岩密贴。所以，最适宜采用喷锚支护，根据具体情况，选用锚杆、喷混凝土、钢筋网和钢支撑等单一或并用而成。

2）衬砌结构的变化方案

在干燥无水的坚硬围岩中，区间隧道衬砌亦可采用单层的喷锚支护，不做防水隔离层和二次衬砌，但此时对喷混凝土的施工工艺和抗风化性能都应有较高的要求，衬砌表面要平整，不允许出现大量的裂缝。

在防水要求不高，围岩有一定的自稳能力时，区间隧道亦可采用单层的模筑混凝土衬砌，不做初期支护和防水隔离层。单层模筑衬砌又称为整体式衬砌,为适应不同的围岩条件,整体式衬砌可做成等截面直墙式和等截面或变截面曲墙式,前者适用于坚硬围岩,后者适用于软弱围岩。

3. 盾构法施工隧道

在松软含水地层、地面构筑物不允许拆迁、施工条件困难地段,采用盾构法施工隧道能显示其优越性:振动小、噪声低、施工速度快、安全可靠,对沿线居民生活、地下和地面构筑物及建筑物影响小等(图5-21)。

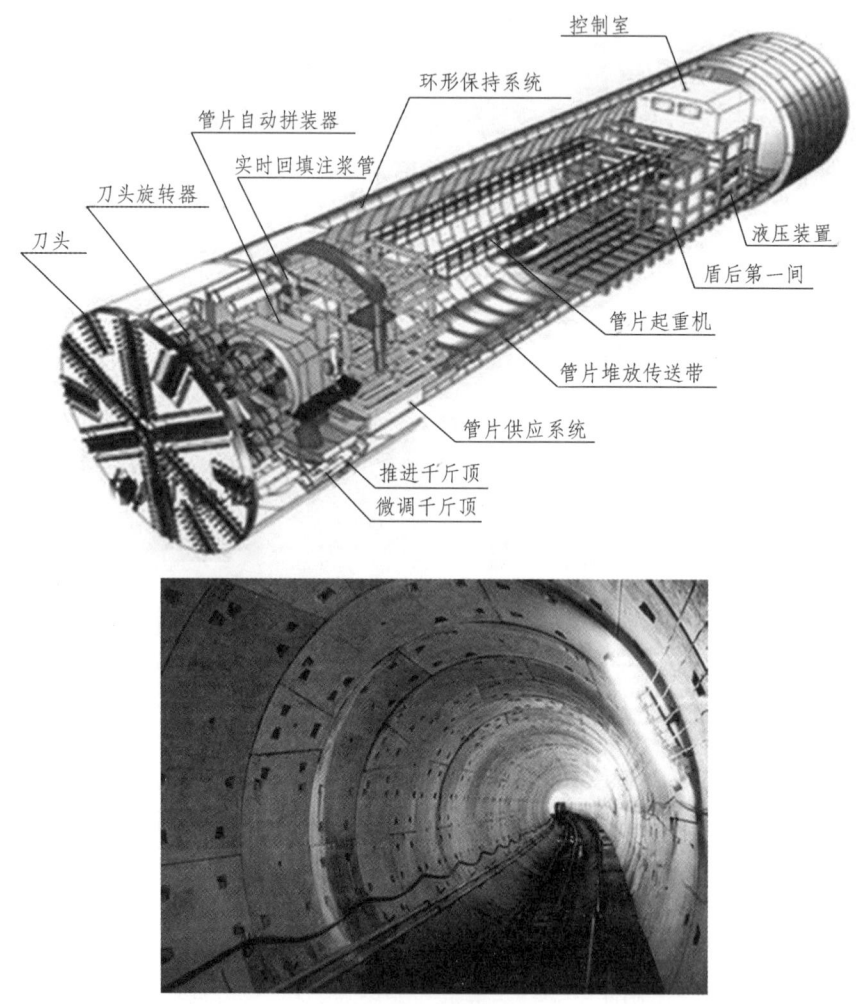

图 5-21 盾构法施工

盾构法修建的区间隧道衬砌有预制装配式衬砌、预制装配式衬砌和模筑钢筋混凝土整体式衬砌相结合的双层衬砌以及挤压混凝土整体式衬砌三大类,见图5-22。

1)预制装配式衬砌

预制装配式衬砌是用工厂预制的构件,称为管片,在盾构尾部拼装而成的。

钢筋混凝土管片的耐压性和耐久性都比较好;目前已可生产抗压强度达60MPa、抗渗等级大于P12级的管片,而且这几种管片刚度大,由其组成的衬砌防水性能有保证。钢和铸铁管片价格较贵,现在除了在需要开口的衬砌环或预计将承受特殊荷载的地段采用外,一般都采用钢筋混凝土管片。

按管片螺栓手孔大小,管片可分为箱型和平板型两类。只有强度较大的金属管片才采用箱型结构,现在的钢筋混凝土管片多采用平板型结构(图 5-23)。

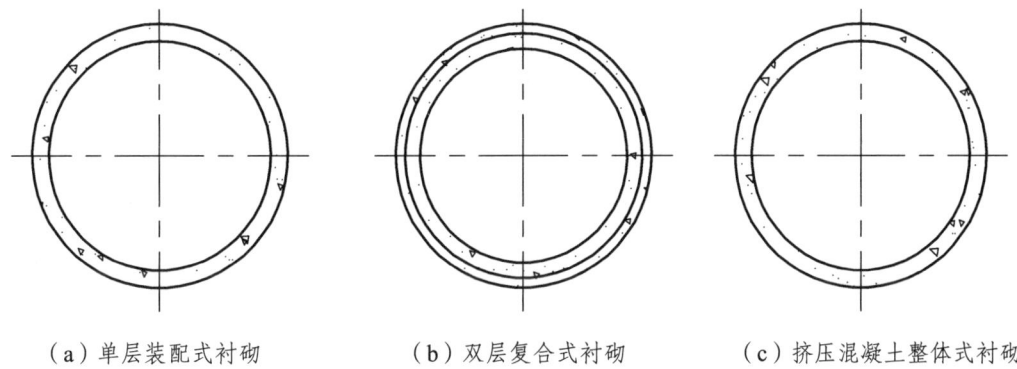

(a)单层装配式衬砌　　　　(b)双层复合式衬砌　　　　(c)挤压混凝土整体式衬砌

图 5-22　盾构法隧道衬砌横断面示意图

图 5-23　钢筋混凝土管片平板型结构

2)双层衬砌

为防止隧道渗水和衬砌腐蚀,提高衬砌结构刚度和输水隧洞承受内水压力的能力,修正隧道施工误差,减少噪声和振动以及作为内部装饰,可以在装配式衬砌内部再做一层整体式混凝土或钢筋混凝土内衬。根据需要还可以在装配式衬砌与内层之间铺设防水隔离层。双层衬砌主要用在输水隧洞工程和含有腐蚀性地下水的地层中。

3)挤压混凝土整体式衬砌

挤压混凝土衬砌(Extrude Concrete Lining,简称 ECL)可以是素筋混凝土,但应用最多的是钢纤维混凝土。

挤压混凝土衬砌一次成型,无须注浆,且对控制地层移动特别有效。但因挤压混凝土衬砌需要较多的施工设备,其中包括混凝土成型用的框模,拼拆框模的系统,混凝土配制车、泵、阀、管等组成的混凝土配送系统。而且,混凝土制备、配送、钢筋架立等工艺较为复杂,在渗漏性较大的土层中要达到防水要求尚有困难。

(二)施工方法比较与选择

1. 喷锚暗挖(矿山)法施工

该法如前所述,对地层适应性较广,主要有新奥法和浅埋暗挖法等。

1）新奥法施工

新奥法施工隧道适用于稳定地层，应根据地质、施工机具条件，尽量采用对围岩扰动少的支护方法。岩石地层当采用钻爆法开挖时，应采用光面爆破、预裂爆破技术，尽量减少欠挖、超挖。

围岩开挖后应立即进行必要的支护，并使支护与围岩尽量密贴，以稳定围岩。围岩条件比较好时可简单支护或不支护。采用喷混凝土锚杆时的施工顺序一般为先喷混凝土后打锚杆；围岩条件恶劣时，则采用初喷混凝土→架钢支撑→打锚杆→二次喷混凝土。锚杆杆体露出岩面的长度不宜大于喷混凝土层厚度。

2）浅埋暗挖法施工

浅埋暗挖法的工艺流程和技术要求主要是针对埋置深度较浅、松散不稳定的土层和软弱破碎岩层施工面而形成的。如图5-24所示。

浅埋暗挖法与新奥法相比，更强调地层的预支护和预加固。浅埋暗挖法支护衬砌的结构刚度比较大，初期支护允许变形量比较小，有利于减少对地层的扰动及保护周边环境。

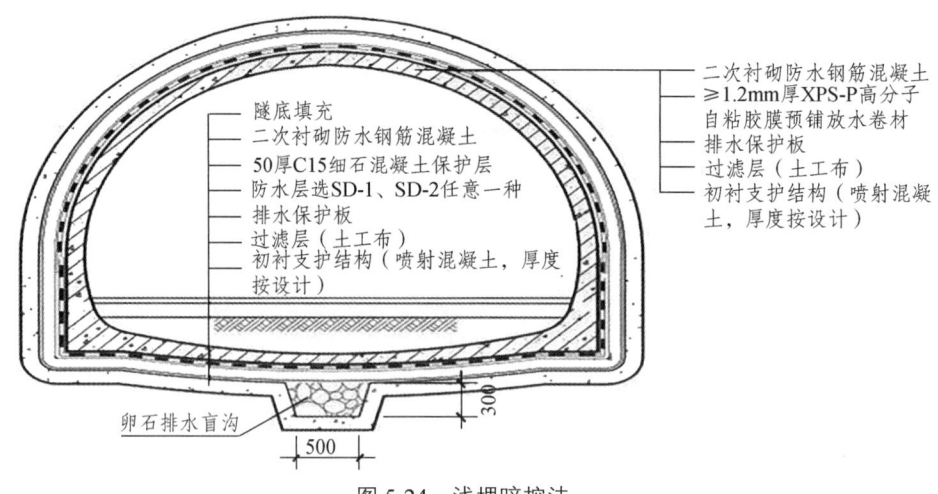

图5-24 浅埋暗挖法

（1）地层预加固和预支护。

在城市地铁隧道施工中，经常遇到砂砾土、砂性土、黏性土或强风化基岩等不稳定地层。需采用地层预加固、预支护的方法，以提高周围地层的稳定性。常用的预加固和预支护方法有：小导管超前预注浆、开挖面超前深孔注浆及管棚超前支护。

（2）隧道土方开挖与支护。

采用浅埋暗挖法开挖作业时，所选用的施工方法及工艺流程，应保证最大限度地减少对地层的扰动，提高周围地层自承作用和减少地表沉降。其总原则是：预支护、预加固一段，开挖一段；开挖一段，支护一段；支护一段，封闭成环一段。初期支护封闭成环后，确认达到基本稳定状态时，可以进行二次衬砌的混凝土灌注工作。如量测结果证明尚未稳定，则需继续监测；如监测结果证明支护有失稳的趋势时，则需及时通过设计部门共同协商，确定加固方案。

（3）初期支护形式。

隧道初期支护施作的及时性及支护的强度和刚度，对保证开挖后隧道的稳定性、减少地层扰动和地表沉降，都具有决定性的影响。在诸多支护形式中，钢拱锚喷混凝土支护是满足上述要求的最佳支护形式。

(4) 二次衬砌。

在浅埋暗挖法中，初期支护的变形达到基本稳定，且防水结构施工验收合格后，可以进行二次混凝土衬砌灌注工序。通过监控量测，指导二次衬砌施作时机。这是浅埋暗挖法中二次衬砌施工与一般隧道衬砌施工的主要区别。

(5) 监控量测。

利用监控量测信息指导设计与施工是浅埋暗挖施工工序的重要组成部分。在设计文件中应提出具体要求和内容，监控量测的费用应纳入工程成本。在实施过程中施工单位要有专门机构执行与管理，并由项目技术负责人统一掌握、统一领导。对于地铁隧道来讲，地表下沉测量显得尤为重要。

2. 盾构法施工

1) 盾构法施工基本步骤（图 5-25）

(1) 在盾构法隧道的始发端和接收端各建一个工作（竖）井。

(2) 盾构机在始发端工作井内安装就位。

(3) 依靠盾构机千斤顶推力（作用在已拼装好的衬砌环和工作井后壁上）将盾构机从始发工作井的墙壁预留洞门推出。

(4) 盾构机在地层中沿着设计轴线推进，在推进的同时不断出土和安装衬砌管片。

(5) 及时地向衬砌背后的空隙注浆，防止地层移动和固定衬砌环位置。

(6) 盾构机进入接收工作井并被拆除，如施工需要，也可穿越工作井再向前推进。

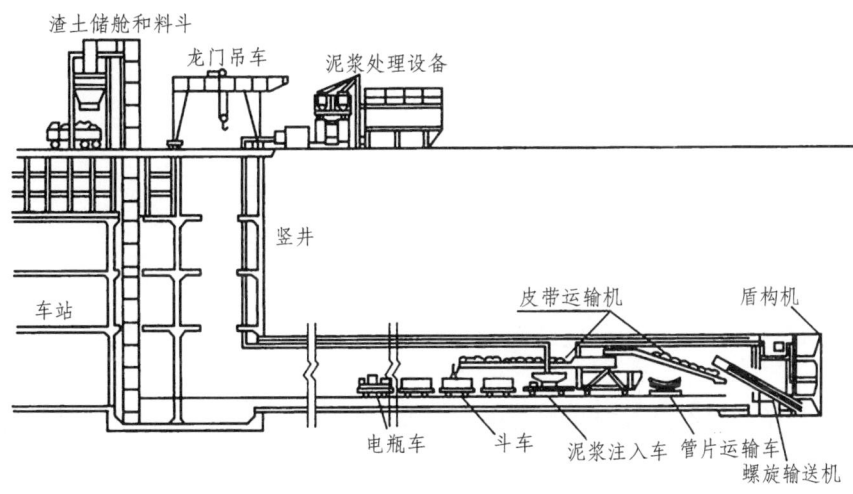

图 5-25 盾构法施工示意图

2) 盾构法施工隧道的优点

(1) 除竖井施工外，施工作业均在地下进行，既不影响地面交通，又可减少对附近居民的噪声和振动影响。

(2) 盾构推进、出土、拼装衬砌等主要工序循环进行，施工易于管理，施工人员也较少。

(3) 隧道的施工费用不受覆土量多少影响，适宜于建造覆土较深的隧道。

（4）施工不受风雨等气候条件影响。

（5）当隧道穿过河底或其他建筑物时，不影响施工。

（6）与明挖法相比，只要能使盾构的开挖面稳定，则隧道越深、地基越差、土中影响施工的埋设物等越多，经济上、施工速度上就越有利。

3）盾构法施工存在的问题

（1）当隧道曲线半径过小时，施工较为困难。

（2）在陆地建造隧道时，如隧道覆土太浅，则盾构法施工困难很大，而在水下时，如覆土太浅则盾构法施工不够安全。

（3）盾构施工中采用全气压方法以疏干和稳定地层时，对劳动保护要求较高，施工条件差。

（4）盾构法隧道上方一定范围内的地表沉陷尚难完全防止，特别在饱和含水松软的土层中，要采取严密的技术措施才能把沉陷控制在很小的限度内。

（5）在饱和含水地层中，盾构法施工所用的拼装衬砌，对达到整体结构防水的技术要求较高。

五、轻轨交通高架桥梁结构安全

（一）高架桥结构与运行特点

（1）桥上多铺设无缝线路、无砟轨道结构。图5-26为板式轨道结构（A型）。

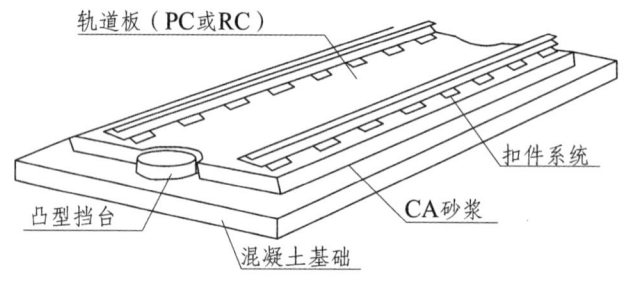

图5-26 板式轨道结构（A型）

（2）高架桥大都采用预应力或部分预应力混凝土结构。

（3）上部结构优先采用预应力混凝土结构，其次才是钢结构，须有足够的竖向和横向刚度。

（4）高架桥应设有降低振动和噪声（设置声屏障）、消除楼房遮光和防止电磁波干扰等系统。

（二）高架桥的基本结构

1．高架桥墩台和基础

高架桥墩台的基础应根据当地地质资料确定。当地质情况良好时，应尽可能采用扩大基础。软土地基条件下，为保证基础的承载能力，防止沉陷，宜采用桩基础。

高架桥墩除应有足够的强度和稳定性。常用的桥墩形式有以下几种。

1）倒梯形桥墩

对于单箱单室箱梁和脊梁来说，选用倒梯形桥墩在外观和受力上均较合理。

2）T形桥墩

T形桥墩占地面积小，是城镇轻轨高架桥最常用的桥墩形式。特别适用于高架桥和地面道路斜交的情况。墩身一般为普通钢筋混凝土结构。大伸臂盖梁，承受较大的弯矩和剪力，可采用预应力混凝土结构。墩身高度一般不超过 8～10 m。

3）双柱式桥墩

双柱式墩盖梁的工作条件较 T 形桥墩的盖梁有利，无须施加预应力，其使用高度一般在 30 m 以内。

4）Y 形桥墩

Y 形桥墩对盖梁无须施加预应力。

2．高架桥的上部结构

站间高架桥可以分为一般地段的桥梁和主要工程节点的桥梁。采用最多的是连续梁、连续刚构、系杆拱。

宜大量采用预制预应力混凝土梁。

六、地铁轨道安全结构

轨道（通称为线上）结构是由钢轨、轨枕、连接零件、道床、道岔和其他附属设备等组成的。如图 5-27 所示。

图 5-27　轨道结构示意图

（一）轨道组成

轨道结构应具有足够的强度、稳定性、耐久性和适量弹性，应保证列车运行平稳、安全，并应满足减振、降噪要求。

（二）轨道形式与选择

1. 轨道形式及扣件、轨枕

地铁正线及辅助线钢轨宜采用 60 kg/m 钢轨，也可采用 50 kg/m 钢轨。车场线宜采用 50 kg/m 钢轨。钢轮-钢轨系统轨道的标准轨距应采用 1 435 mm（等于英制的 4 英尺 8½英寸）。1 520 mm 以上的轨距是宽轨，1 067 mm 以下的轨距算作窄轨。如图 5-28 所示。

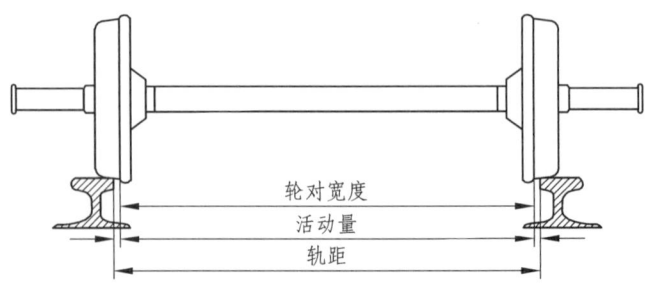

图 5-28　轨距示意图

2. 道床与轨枕

（1）长度大于 100 m 的隧道内和隧道外 U 形结构地段及高架桥和大于 50 m 的单体桥地段，宜采用短枕式或长枕式整体道床。如图 5-29 所示。

图 5-29　整体道床

（2）地面正线宜采用混凝土枕碎石道床，基底坚实、稳定，排水良好的地面车站地段可采用整体道床。

（3）车场库内线应采用短枕式整体道床，地面出入线、试车线和库外线宜采用混凝土枕碎石道床或木枕碎石道床。如图 5-30 所示。

图 5-30　混凝土枕和木枕碎石道床

3. 减振结构

（1）一般减振轨道结构可采用无缝线路、弹性分开式扣件和整体道床或碎石道床。

（2）线路中心距离住宅区、宾馆、机关等建筑物小于 20 m 及穿越地段，宜采用较高减振的轨道结构，即在一般减振轨道结构的基础上，采用轨道减振器扣件或弹性短枕式整体道床或具有其他较高减振能力的轨道结构形式。如图 5-31 所示。

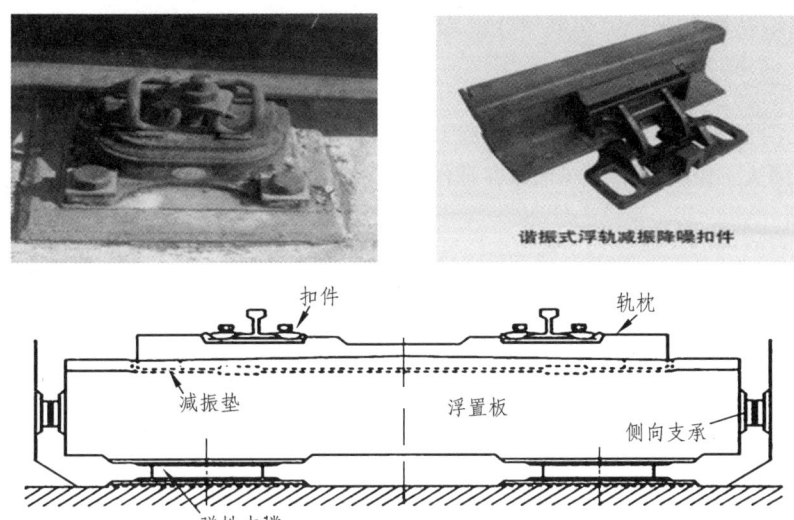

图 5-31　轨道减振器扣件

（3）线路中心距离医院、学校、音乐厅、精密仪器厂、文物保护单位和高级宾馆等建筑物小于 20 m 及穿越地段，宜采用特殊减振轨道结构，即在一般减振轨道结构的基础上，采用浮置板整体道床或其他特殊减振轨道结构形式。

任务四　施工检修安全管理

一、安全施工计划

1. 月计划

汇总一个月的设施设备施工、检修、维护及工程车、调试电客车开行的计划。

2. 日补充计划

在月计划里未列入的对行车有一定影响的检查、维修计划进行补充的计划。

3. 临时补充计划

运营时间内对行车有一定影响的设备进行临时抢修，须在停运后继续设备维修的作业，特殊情况下未列入月计划和日补充计划须在当日进行的施工作业。

二、施工负责制

1. 施工负责人

负责在主站办理作业登记和该项作业的组织、安全和管理的人员。

2. 施工联络人

同一施工项目多个作业点进行，该施工项目除配备施工负责人外，各点（辅站）的施工需配备施工联络人，施工联络人在辅站办理作业登记和负责该作业点施工的组织、安全和管理。

3. 影响行车的施工

指进行该项施工作业时，如果当天或次日线路上有列车、工程车运行，安全会受其影响的施工。

4. 影响客运的施工

指进行该项施工作业时，车站的客运服务设备设施功能降低、影响客流组织和服务质量的施工。

5. 主　　站

施工负责人到某个车站登记请点施工的车站称为主站（如果同一施工项目多站进行，其作业区含联锁站时，主站原则上在联锁站）。

6. 辅　　站

同一线路同一施工项目多站进行时，施工联络人到其作业区域包含的各站（除主站外），登记请点的车站称为辅站；同一施工项目安排主站和辅站原则上不超过 6 个。

7. 施工区域出清

指在施工结束后，施工负责人或施工联络人确认所有作业人员已撤离、有关设备、设施已恢复正常、工器具、物料已撤走、无妨碍行车和设备安全的因素等。

8. 外单位

南京地铁运营有限责任公司以外的单位。

9. 请　　点

施工前，施工负责人凭相关证件及凭证到车站控制室、信号楼、变电所等场所办理施工登记手续。

10. 销　　点

施工结束后，施工负责人凭相关证件及凭证到车站控制室、信号楼、变电所等场所办理施工结束手续。

11. 擅自取消作业

指在作业前三小时，施工负责人或受委托人未向总调中心或归口管理单位申请同意而擅自取消施工计划。

12. 安全避让区域

不侵入线路机车车辆限界，并确保抢修人员站立及抢修工具的存放有足够的安全空间。

三、施工安全管理组织

（一）领导小组及工作小组

1. 施工计划协调领导小组

组长：分管副总经理。

成员：运输管理部部长、安全保卫部部长、技术部部长、工程管理部部长、新线管理部部长、计划企划部部长、财务审计部部长。

2. 施工计划协调工作小组

组长：运输管理部部长。

副组长：运输管理部副部长。

成员：总调中心值班主任、乘务中心副主任、站务中心副主任、票务中心副主任、工务中心副主任、供电中心副主任、通号中心副主任、机自中心副主任、车辆维修中心副主任、车辆设备中心副主任、相关专业（主任）工程师、运输管理部施工管理工程师、总调中心施工管理工程师、站务中心行车工程师、乘务中心技术员、车辆维修中心生产计划工程师、后勤中心基地管理员。

（二）职责及分工

1. 领导小组成员职责、分工

组长：领导计划协调工作小组；协调运营公司与外单位在施工计划协调会议上未能商妥的问题；协调运营公司内部在施工计划协调会议上未能商妥的问题；审核与施工检修管理的有关规程，签发《施工行车通告》。

成员：指导计划的协调、编排、管理工作；协调在施工计划协调会议上未能商妥的问题；督促、指导工作组的工作。

2. 工作小组职责、分工

组长、副组长：组织召开施工计划协调会议、协调施工计划协调会存在的问题。

成员：分工负责协调小组日常工作；按期参加施工计划协调会议；协调各单位的作业计划；处理作业计划变更事宜；监督、检查施工计划、安全措施的执行情况；编制、发布《施工行车通告》。

3. 部门或中心职责

培训中心负责对施工人员的培训工作归口管理,并办理培训合格证。

运输管理部负责具体实施对施工管理人员的培训工作,并对施工执行情况进行检查和监督,对违反施工规定的施工单位进行核实、考核。

财务审计部负责施工有关费用的收支和管理。

安保部负责与外单位签订《外单位施工安全、消防、治安内保协议书》,负责对施工单位进行安全方面的监督、检查,负责对违反安全规定的行为进行考核。

归口专业管理单位负责对外单位施工过程进行监督、检查。

四、施工计划制定

(一)施工计划制定原则

为合理使用有限的轨行区资源,周二、周五原则上固定安排无工程车/电客车配合的轨行区作业,以确保区间设备巡检维护。

(二)计划分类

按时间分为:月计划、日补充计划和临时补充计划。

1. 按施工作业地点和性质分类

(1)影响正线、辅助线行车的施工为 A 类:其中在正线、辅助线开行电客车、工程列车的施工为 A1 类;在正线、辅助线不开行电客车、工程列车的施工为 A2 类;车站、地铁大厦以及变电所等范围内影响正线、辅助线行车设备设施的施工为 A3 类。

(2)在基地的施工为 B 类:其中开行电客车、工程列车的施工(不含库内)为 B1 类;不开行电客车、工程列车但在基地线路限界内(不含库内)不能随时出清或影响基地接触网供电的施工为 B2 类;能随时出清、不影响电客车、工程列车安全通过的,在基地试车线临时的电客车调试,库内单股道施工检修作业(含接触网停电挂地线),不需要工程车配合的接触网练兵线上作业,在基地线路限界外 3 米内种植树木、搭建相关设施及影响基地行车的施工为 B3 类。

(3)在车站(设备房)、变电所、地铁大厦等场所进行不影响行车的施工为 C 类,其中在车站(设备房)、变电所、地铁大厦等场所内大面积影响客运服务、消防设备正常使用的施工,需动火的施工,用电负荷大于 2 kW 或需增加临时线路、配电设备、增容、单独计量的施工为 C1 类;其他局部影响客运服务或采取措施影响不大且动用简单设备设施(如动用 220 V 及以下的电力、钻孔等,不违反安全规定)的施工,用电负荷小于或等于 2 kW,且仅通过车站现有墙面(地面)插座用电的施工为 C2 类。

2. 按影响范围分类

施工等级分为:一级施工、二级施工和三级施工。其中一级施工是指作业内容复杂、影响面较大、需多部门、多专业联合的施工作业,如新建线路、旧线改造、接触网换线、轨道应力放散、信号系统软件升级等；二级施工是指影响面较小、多专业联合的施工作业，如道岔更换、多辆工程车配合的施工等；三级施工是指作业内容简单、只需单个部门或中心配合的施工，如堵漏、道岔检查、接触网检修等。一级、二级、三级施工作业均应报分管副总同意。

（1）一级施工由公司分管领导牵头召开专题施工协调会进行协调落实施工有关安排；二级施工由分管领导或分管领导委托中心负责牵头召开专题施工协调会进行协调落实施工有关安排；三级施工可不召开专题施工协调会，在施工协调例会上协调落实施工有关安排。

（2）一、二级施工应召开施工预备会，施工预备会在施工开始前适当时间由公司分管领导牵头召开，检查各单位施工准备情况，落实施工重点和安全注意事项。

外单位进行短期、简单、对运营影响较小的施工，可不进行培训，但归口中心必须下发外单位施工作业许可单，并派专人进行全程的跟踪、协助、监督以及管理工作。

（3）一、二级施工相关配合单位须拟写施工配合方案，由归口管理单位牵头审核；三级施工配合单位须在《施工方案申报表》签署施工配合意见。

3. 应提报月计划的施工作业

（1）工作量大、条件复杂、封锁线路的施工。
（2）对行车影响较大的施工。
（3）工程车配合的施工作业。
（4）正线、辅助线电客车配合的调试作业。
（5）运营时间内在车站公共区域进行的影响运营服务的施工检修作业。
（6）其他需以书面形式申报的施工检修作业。

（三）施工计划申报程序

1. 月施工计划

每月 18 日 12:00 前，按照相关规定向总调中心施工管理工程师提报工程车以及调试电客车开行计划；每月 19 日 12:00 前，总调中心施工管理工程师将工程车以及调试电客车开行计划的协调结果通知相关部门、中心的相关人员；每月 21 日 17:00 前，各部门、中心将下月的所有申报的施工计划（规范格式电子版和书面版）报总调中心施工管理工程师，《月施工计划申请表》包括作业代码、作业单位、作业时间、作业区域、作业内容、作业等级、供电安排、施工负责人、联系电话、防护措施、备注（列车编组、配合部门及内容等）。

2. 日补充计划

日补充计划申请表应于工作开始前一天的 12:00 以前，由各部门、中心编写计划人员收集、调整、汇总后向总调中心施工管理工程师申报。

3. 临时补充计划

由各部门、中心编制计划人员于当日 21:00 前向总调中心值班主任申报。

各单位在基地范围内实施的施工检修计划，须提交管辖信号楼调度审核同意后，再上报总调中心施工管理工程师。

属于 B3/C2 类的作业，无须提报计划，施工负责人与基地信号楼调度员/车站行车值班员

/电调等人员联系并登记,经基地信号楼调度员/车站行车值班员/电调等相关人员同意并办理请点手续后开始施工。

外单位在实施属于 B3/C2 类的施工时,必须按 5.2.1.9 的要求办理施工许可手续后,凭归口专业管理单位签发的《外单位施工作业许可单》,须在归口专业管理单位的协助下,方可到信号楼/车站等规定场所办理相关施工申请及登记。

4. 外单位作业申请程序

(1)外单位到运营公司归口管理单位办理施工申报,外单位施工作业管理流程见相关内容。
(2)与安保部签订《外单位作业安全、消防、治安内保协议》。
(3)归口管理单位联系配合单位。
(4)归口管理单位负责申报施工计划。

(四)施工计划的编制

1. 编制原则

(1)月施工计划的安排应在确保安全的前提下,考虑均衡安排,充分利用轨行区资源。
(2)处理好列车的开行时间和密度、施工封锁等几方面的关系,避免抢时、争点现象(原则上车与车、人与车需有一个安全区间或安全站台;调试作业的供电分区对应的空闲线路区域不得安排其他作业;施工影响范围不得超出计划申报作业区域)。
(3)为方便施工单位作业,施工计划内各项作业应注明施工日期、作业起止时间、作业内容、作业区域(施工计划中如果没有注明不含车站,即含车站;基地内作业如果没有注明不含库内,即含库内)、安全事项及其他应说明的问题(列车编组、行车计划、配合部门及详细配合要求、联系电话等)。
(4)经济、合理地使用机车车辆,避免浪费资源。

2. 计划审批程序

1)月计划

(1)每月 24 日 9:00,由施工计划协调工作小组组长召开施工计划协调会,根据提报计划的情况,组织相关单位协调。
(2)协调月计划时,对于安全上有特殊要求和规定的,在施工计划协调会议上提出讨论确定。
(3)总调中心根据施工计划协调会议的结果,分线别编制《施工行车通告》,经分管副总经理(或分管副总经理授权的领导)签字后于每月月末发布至相关部门、中心,并且一经发布,若无特殊情况,不得随意修改。

发布办法:当施工管理系统故障的情况下,由总调中心发电子邮件(以书面签字的为准),外单位由归口管理单位提供。

发布范围:运输管理部、安全保卫部、技术部、后勤中心、车辆维修中心、总调中心、站务中心、乘务中心、票务中心、工务中心、供电中心、通号中心、机自中心、车辆设备中心及其他施工单位。

(4)提报施工计划及召开施工计划协调会时间遇节假日变更的,在上月的施工协调会议上确定。

2）日补充计划

（1）总调中心施工管理工程师根据各单位申报情况，应综合平衡后，由总调中心值班主任进行审批。接触网停送电应由电调审核后再由总调中心值班主任进行审批。审批之后于提报当日的 15:30 前返还至总调中心施工管理工程师处，施工管理工程师于提报当日的 16:00 前通知各申报单位（特殊情况除外）。

（2）日补充计划在月计划的基础上进行安排。日补充计划申报的作业项目原则上不得超过同期同类月计划内日作业项目的 20%，施工计划因特殊情况需变动以《计划变更表》的形式提报。

（3）日补充计划原则上不安排工程车开行、正线电客车调试和接触网停送电的要求。

3）临时补充计划

临时补充计划由各部门、中心编制计划人员向总调中心值班主任申报，总调中心值班主任对临时补充计划应及时优先安排，不受月计划和日补充计划限制。

4）抢修作业

影响基地、不影响正线的抢修作业，当班信号楼调度员直接负责并及时办理。影响正线的抢修作业，由当班值班主任负责并及时办理。

（五）工程车开行计划变更

相关单位应在当晚 17:00 前通知值班主任；因工程车故障不能开行时，设备中心生产调度员应通知值班主任，由值班主任通知施工单位，施工单位通知各配合单位。

1. 变更计划布置

每日 21:00 前由行调向车站人员、信号楼调度员布置临时补充计划。

2. 施工时间调整要求

当日因特殊原因，施工时间需调整时，总调中心通知施工单位或归口管理单位，由施工单位或归口管理单位通知配合单位。

五、施工安全管理

（一）施工负责人与设施工联络人职责

1. 施工负责人/施工联络人职责

（1）负责作业人员/设备的管理。
（2）办理请/销点手续。
（3）作业过程的组织指挥。
（4）及时与车站、基地联系作业有关事项，必要时及时与总调中心联系。
（5）组织设置/撤销作业安全防护设施（接触网停电及挂地线应取得电调的许可）。
（6）出清作业区域/设备状态恢复正常。

2. 施工负责人/施工联络人任职要求

（1）参加规定的施工教育培训。
（2）熟悉该项作业的性质、内容、方法、步骤、要求等。
（3）具备该项作业相关的安全知识和技能。
（4）取得施工作业培训合格证，并在运输管理部、培训中心、总调中心、站务中心等相关单位备案。

（二）施工防护

1. 接触网停电检修防护

接触网停电检修或需接触网停电配合挂地线时，由供电操作人员负责在该作业地段两端挂接地线。设置红闪灯的位置应在挂接地线的外方。但地线位置、红闪灯位置均不得超过施工作业区域。

2. 站内线路施工防护

站内线路施工时，由施工负责人在车站两端头轨道上设置红闪灯防护（特殊情况下，昼间高架车站派专人使用红色信号旗或红牌进行防护）。

3. 区间封锁线路施工防护

在区间封锁线路的施工，作业前，由请点车站站务人员设置红闪灯，并通知作业区另一端车站站务人员放置红闪灯防护。施工结束后，站务人员撤除红闪灯，并通知作业区另一端车站站务人员撤除红闪灯。如遇跨越站内站间封锁施工时，站务人员应在车站内另一端墙门处设置红闪灯防护。全线进行封锁的施工作业，无须放置红闪灯进行防护。

4. 下轨行区作业安全防护

下轨行区作业的人员自身应做好安全防护，固定作业地点的作业，施工单位负责在施工区域的两端的轨道中央设置红闪灯或派专人防护；轨道或设备巡检作业可不在施工区域两端设置红闪灯防护，但施工区域两端的车站应做好防护，必要时在端墙门处设置红闪灯进行防护。

5. 试车线隧道内施工作业防护

在试车线的隧道内进行施工作业时，应在隧道口的线路中央放置防护信号进行隧道内的防护，施工负责人亲自或派专人对防护信号状态是否良好进行不定期检查。

6. 运营时间作业防护

凡在运营时间内进行作业，必须做好防护措施，确保地铁乘客的安全，最大限度减少对乘客的影响。

（三）封锁区间

（1）为保证施工作业安全，遇下列情况，应将线路封锁并限定施工时间。
（2）工程车或调试列车在一个区段多次往返运行。

（3）网轨检测车在测试区段或钢轨打磨车在打磨区段运行。

（4）对于更换钢轨（接触网），无论有无工程车开行，均须将所占用线路封锁，且封锁区段内不得安排其他施工作业。

（四）施工安全控制

（1）人、工程车在同一区域作业时，由施工负责人统一负责，动车时，由施工负责人向司机下达指令，司机按正确的指令执行。

①按施工前进方向，列车在前，人员在后，原则上不得颠倒。

②非随车施工人员与列车应有 50 m 以上的安全间隔距离，原则上列车不得后退，如有退行时，车长（司机）应听从施工负责人的指挥，按要求退行，确保人身安全。

③作业人员应在作业区来车方向设置红闪灯防护。

（2）工程车或调试列车的作业区域两端必须保证至少一个站台或区间空闲。

（3）凡进入线路施工的施工人员必须穿荧光衣，并根据作业性质及作业要求使用其他安全防护用品。

（4）施工单位在作业期间需接触网停电或接触网停电挂地线的，应在施工申请表中明确提出要求，施工请点时确认接触网已停电或已挂好地线方可作业。如无停电要求，接触网一律视为带电体。

（5）施工作业过程中如进行动火作业，必须按照运营公司消防安全管理相关规定办理动火令及作业，严禁在无动火令的情况下进行动火作业。

（6）如需用电，必须按照相关规定进行办理，归口管理单位负责监督外单位用电安全。

六、进场施工安全管理

1. 外单位施工作业许可审批程序

施工单位持《施工方案申报表》至归口管理单位报审；由归口管理单位会同配合单位审核"施工方案"；归口管理将审核同意后的"施工方案"报运输管理部申请施工计划；施工单位与安保部签订《外单位作业安全、消防、治安内保协议》；财务审计部根据相关规定收取外单位安全保证金和相关施工费用；运输管理部组织施工管理人员培训，培训中心下发培训合格证；运输管理部确认相关手续齐全后，签注意见；总调中心根据运输管理意见做好施工计划编制工作。

2. 施工进场凭证

内部单位施工凭证：工作证。

委外单位施工凭证：外服卡。

外单位施工凭证：《外单位施工作业许可单》、施工负责人培训合格证。

3. 线路出清请点

正常施工起点时间应于最后一列回库空客车出清线路、一站一区间空闲后请点作业；遇高架和地面线路，应待末班车出清施工区段上下行线路、一站一区间空闲后请点作业；需接触网停电以及停电挂地线的施工作业，应待电客车出清需停电的供电分区，同时满足列车出清线路、一站一区间空闲后方可请点作业。如有工程车或调试电客车途径施工作业区域时需待工程车、调试列车出清线路、一站一区间空闲后开始施工。特殊位置列车需占用站台进行换端操作时，可确保一个区间空闲后即可请点作业。

4. 出清时间

正常施工时间应于运行图首列车开出 50 min 前结束并出清线路，在有工程车返回的线路上施工时，有关作业原则上在运行图首列车开出 80 min 前结束，并出清线路。

七、施工安全纪律

1. 行车调度

行车调度在安排施工作业前，必须认真核对施工计划，确认无误后方可发布准许施工的调度命令。

施工作业时，行车调度员应及时处理施工中发生的问题，必要时向总调中心值班主任汇报。

2. 电力调度

电力调度在安排施工作业前，必须认真核对施工计划，确认无误后（需行调签认的施工应在行调签认后）方可发布准许施工的调度命令。

运营时间内无备用电源的非正常运行方式及应急运行方式应通报行车调度；已经批准的施工计划，应与施工单位共同做好准备工作；涉及其他专业的施工，应及时通知相关单位。

3. 综合调度

综合调度负责除车辆设备及后勤中心管辖设备设施以外的设备设施故障抢修的组织；综合调度主要负责管理范围内的故障（事故）信息接收、传递、反馈和处理的组织、协调及统计分析工作；综合调度负责抢修后故障恢复的短信闭环工作；协助值班主任做好非运营期间开行工程车/调试列车等重要施工的监督落实工作。

4. 信号楼调度

信号楼调度在安排施工作业前，必须认真核对施工计划，确认无误后方可发布准许施工的调度命令；施工作业时，信号楼调度员应做好过程控制，及时处理施工中发生的问题，必要时向总调中心汇报。

5. 车站值班员

在安排 C2 类施工作业前，必须认真核对施工计划，确认无误后方可登记批准作业；施工作业时，车站值班员应做好过程监控，及时处理施工中发生的问题，必要时向总调中心汇报；在施工登记请销点时，认真核对施工人员相关凭证，做好台账记录资料备案。

6. 各施工单位组织纪律

施工负责人在安排施工作业前，必须认真核对施工计划，确认无误后按要求执行。

已经批准的施工，应根据施工任务的性质及相关规章制度定出相应的安全防护及应急措施。施工开始前,督促施工人员做好各项施工准备工作,保证施工按时进行,在施工过程中,协调解决出现的问题,确保施工任务按时完成。

7. 施工现场作业纪律

施工人员应严格按施工计划限定的时间、区段、内容等要求进行作业。

遇特殊情况需延长施工作业时间时,施工负责人应在计划结束前的 30 min 向行车值班员/信号楼调度员请示,得到同意后方可延长(影响正线行车的施工应征得行车调度员的同意)。

施工人员应按规定做好施工防护措施,发现违章,及时制止,确保作业安全。

施工人员须严格履行施工请、销点制度。

施工结束后,施工人员须清理好现场,将所动的设备恢复到正常行车条件并清点工器具、人员、撤除防护措施后,方准撤离施工现场。

八、施工现场安全管理

1. 施工现场组织

按性质、地点分别组织。

A 类作业,经行调批准,方可进行。

B 类施工作业,经信号楼调度员同意方可进行;如影响正线行车须报行调批准。

C 类作业,施工单位经车站值班站长(行车值班员)/电调/环调等批准方可施工,外单位施工按外单位施工管理流程进行。

2. 施工人员进出站规定

施工负责人在规定施工开始时间前 15 min 到达主站;施工联络人及维修人员在规定施工开始时间前 10 min 到达辅站;按规定程序办理施工作业手续。

因工作需要确需关站后进入的应与车站联系,车站根据联系的地点、时间,查验相关证件后开门放行。

3. 请点规定

轨行区的施工作业,施工负责人请点作业时须持施工工具物料请点清单,请点清单留存在请点站备案,施工负责人按车站要求将施工工器具、物料放规定区域,用车站指定编号 CCTV 摄像头拍摄施工工器具、物料,销点清单留存在销点站备案,施工工具物料由施工负责人负责清点、管理。

属于 A 类的作业,施工负责人在施工开始时间前 15 min 到车站填写《车站施工登记表》,具备施工条件后,由行值(既影响正线又影响基地的作业除外)向行调请点,得到行调的准许后方可施工。

属于 B 类的作业,施工负责人到信号楼处填写《基地施工/检修登记表》请点,施工具体操作程序按"基地运作规则"的规定办理,经信号楼调度员同意后施工(基地内进行影响正线行车的作业应经行调批准)。

属于 C 类的作业,施工负责人到车站/变电所登记请点。

4. 销点规定

轨行区的施工作业，销点作业时，施工负责人持施工工器具、物料清单（如施工工器具、物料损耗或增加，应注明）交销点站备案，施工负责人按车站要求将施工工器具、物料放规定区域，用车站指定编号 CCTV 摄像头拍摄施工工器具、物料，施工工器具、物料由施工负责人专人负责清点、管理。

A 类作业，施工负责人确认施工区域出清，报车站，由车站向行调销点。作业区域包含基地和正线的施工作业，施工负责人在出清施工区域后，向信号楼调度员销点，信号楼调度员在办理销点手续时必须同时向行调办理销点，同时通知作业区域内的车站。

B、C 类作业施工完毕后，施工负责人负责施工区域的出清后到基地信号楼调度员或车站行车值班员处销点。

当多站销点时，辅站施工联络人负责本段线路出清并报施工负责人后，在辅站销点；辅站值班员向主站值班员销点；施工负责人在该项作业区域全部出清后，报主站值班员销点，主站值班员向行调销点。

5. 作业区域跨线施工请销、点规定

施工负责人到相关车站登记请点、车站向行调请点。

本线行调向邻线行调请点。

邻线行调待施工条件满足后同意本线行调请点、本线行调批准施工请点。

施工结束后，销点车站向行调销点，本线行调经请点线路行调同意后批准销点，销点站告知请点站，此项作业已销点。

九、接触网停电挂地线作业

（1）正线施工作业，自身挂拆地线按以下程序执行：

① 施工负责人到车站登记请点，车站向行调请点。

② 线路出清后，行调通知电调停电。

③ 行调接到电调已停电的通知，向车站发布停电通知，行调确认施工负责人已与电调请完点后批准车站请点。

④ 车站接到行调的通知，做好安全防护后方可批准施工负责人施工。

⑤ 施工结束，施工人员出清施工现场，施工负责人向电调销点并向车站销点，车站报告行调销点，行调向电调确认地线撤除、线路出清后方可同意车站销点。

⑥ 行调确认可以送电，通知电调送电。

⑦ 电调根据行调的要求送电。

（2）正线施工作业，需配合挂拆地线按以下程序执行：

① 施工负责人到车站登记请点，车站向行调请点。

② 线路出清后，行调通知电调停电。

③ 行调接到电调已停电的通知，向车站发布停电通知，并确认可以挂地线后，通知电调可以挂地线。

④ 电调接到行调可以挂地线的通知，通知现场挂地线，确认完成后由电调通知行调。

⑤ 行调接到挂好地线的通知后，通知车站准许施工。
⑥ 车站接到行调的通知，做好安全防护后即可批准施工负责人开始施工。
⑦ 施工结束，施工负责人向车站销点，车站报告行调销点。
⑧ 行调接到车站销点并确认后，通知电调施工结束。
⑨ 电调获知施工结束后，通知现场拆除接地线。
⑩ 电调确认现场已拆除接地线，施工人员已出清施工现场后通知行调。
⑪ 行调接到电调地线已拆的通知，行调确认销点生效，并确认可以送电，通知电调送电。

十、轨行区检修及施工特殊规定

1. 线路巡道及钢轨探伤、涂油施工的有关规定

（1）人工巡道原则上每天巡查一遍，如遇其他专业检修、轨道车占用等特殊原因占用区间而无法巡道的，可以跳过此区间进行巡道。

（2）人工巡道的周期间隔不得超过 72 h。

（3）巡道人员在巡到某区间有其他施工人员在施工，此区间由该施工单位的施工负责人负责出清。

（4）具体的巡道要求按有关规定操作。

（5）钢轨有涂油施工时，施工负责人在施工过程中，应督促施工人员将施工区间内的站台及与车站相邻 200 m 范围内的钢轨面油渍擦拭干净，并在销点注明，车站记录后汇报行调。

（6）钢轨接头探伤时，施工人员应及时将轨面油渍擦拭干净。

（7）行调在运营前检查时，应通过派班室向相关列车司机传达：当日 7:00 前，列车在通过夜间有钢轨涂油的施工区段时，以手动模式驾驶，并适当降低速度，防止冲标。

（8）冬运期间，露天部分有钢轨探伤作业，应将车站区域线路及其相邻 200 m 范围内的轨面水渍擦拭干净。列车在通过相关施工区段时，行车办法比照上述处理。

2. 正线轨行区检修及施工特殊规定

（1）检修和施工作业的金属工器具（如撬棍、扳手等）严禁在计轴磁头的钢轨上方划过。

（2）特殊情况下的紧急抢修，如确实无法避免金属物品划过计轴磁头，施工人员应及时通知通号中心生产调度，安排人员处理。

十一、工程车开行规定

（一）基本原则

行调负责统一指挥行车。

（1）工程车运行前，车长对机车及连挂车辆的技术状态做必要的检查，保证技术状态及制动作用良好，施工负责人亲自或派胜任人员对连挂车辆装载的货物进行检查，确保装载牢固，并不得超出规定的车辆限界，经司机检查确认后，方准运行。

（2）安排工程车作业时，必须严格按照划分的区域安排作业，工程车必须在计划时间内到达规定地点。

（3）工程车进入封锁区间施工时，除施工单位自身做好防护措施外，车站须在该施工地段两端车站的端墙门处设置红闪灯防护。

（4）工程车返回时，从离开作业区，运行时车长、司机负责观察、确保工程车返回基地途中的前方线路出清情况，并保证车上物品及部件不掉落。

（5）行调在指挥工程车运行时在《线路施工作业登记表》上严格确认工程车运行前后有无施工作业。

（6）由施工负责人负责封锁区域工程车施工组织。

（7）涉及接触网停电挂地线且需工程车配合的作业时，工程车到达作业区域，行调同意后挂地线；作业完毕，地线拆除，得到行调命令后司机方可动车回基地。

（8）工程车在进站、出站、运行至曲线前，站内或区间动车前，均须鸣笛示警。

（9）原则上工程车在区间内不允许甩挂作业。因施工、装卸货物的需要，工程车编挂平板车需在车站甩挂作业时，必须经总调中心值班主任批准，做好安全防护及防溜措施（枕木、铁鞋、手闸）并及时挂走。

（二）工程车开行

1. 工程车的行车组织

由行调统一指挥，由行调排列进路，行调组织工程车正线运行时，应尽量避免分段行车；当前方施工作业未按时结束或因特殊情况须组织工程车分段运行时，行调经车站通知工程车司机允许运行的起、止站，司机必须复诵。

2. 工程车在封锁区间开行

发布封锁区间命令前，由行调将封锁区域道岔开通正确位置并单独锁定后通知车站。发布封锁命令后，各有岔站根据调度命令确认道岔位置。

工程车在封锁区域内作业，原则上进路的道岔不得转动，若因作业确需转动道岔时，应按"问路式"调车方式办理。由施工负责人向车长提出，车长与车站联系动车计划，车站值班员方可操作道岔转动，并单独锁定该道岔后，通知车长进路准备完毕，车长听从施工负责人指令动车。

3. 正线发生各类设备故障或事故时，工程车、救援列车进出封锁区间行车组织

（1）综合调度负责向行调提出使用工程车的计划（上车、设备地点和数量），由行调向信号楼调度员发布调车指令。

（2）信号楼调度员按行调的要求组织在 10 min 内把工程车开行到基地内指定地点。

（3）抢修工作执行部门在工程车到达后 10 min 内完成装载设备、物品等工作，并安排跟车人员上车。

（4）行调负责组织工程车或救援列车从基地至封锁区域前一站的运行，并向工程车或救援列车及相关车站发布封锁命令。

（5）综合调度通知现场指挥在封锁区域前一站待令，待工程车或救援列车到站后，现场指挥与行调联系登乘事宜，现场指挥或现场指挥指定的胜任人员得到行调命令后登乘工程车

或救援列车。

（6）现场指挥指派一名联络员登乘工程车或救援列车驾驶室，将进入区间的计划交车长，由车长引导进入封锁区间，并按计划指挥动车。

（7）如封锁区间内有道岔、辅助线时，由车长与车站联系调车进路计划，车站排好进路后通知车长，由车长指挥动车。

（8）行调负责抢修进度的掌握，综合调度负责相关信息的传递工作。

（9）工程车、救援列车使用完毕，现场指挥与行调联系，经行调允许后驶出封锁区域。

十二、特殊情况施工组织规定

1. 正线、辅助线发生各类设备故障或事故需封锁区间抢修的规定

（1）进入轨行区或影响行车设备的抢修由行调负责；综合调度负责故障接报、信息通报、抢修前期与专业的沟通（如确定现场指挥信息、专业提出抢修用车等情况的处理），当多专业进行抢修时，负责多专业间的协调及其他相关问题的处理。

（2）行调向有关站发布封锁线路的命令，需要时通知电调停电，并告知综合调度。

（3）综合调度得到行调的封锁命令后，确认现场指挥；同时现场指挥指派专人在车控室进行防护，被指派到车控室的防护人员负责抢修作业的请销点工作。

（4）抢修、救援人员进出封锁区域，由现场指挥通过无线电话（如无法联络时经车站）向行调申请，得到行调批准后进出封锁的区间。

（5）封锁区域内设备抢修过程中行调负责掌握抢修进度并及时报值班主任。

（6）现场指挥确认线路出清、具备行车条件后报综合调度，行调向值班主任及综合调度确认恢复时间后，将封锁区域解封、组织列车运行。

（7）列车或车辆在线路上的起复救援工作按有关规定执行。

2. 运营时间进入正线、辅助线的各类设备故障抢修规定

行调按照"先通后复"的原则根据运营实际情况及时安排抢修作业。

进入站台或站台附近区段的作业：

（1）抢修人员到车控室办理临时登记手续后（特殊情况下经行调同意可不办理登记手续），到站台待令并及时汇报行调。

（2）行调及时通知车站抢修作业内容，具备抢修条件、行调或车站通过信号系统设置防护后（无法通过信号系统防护时，行调通知车站设置红闪灯进行防护）立即通知车站。

（3）得到行调准许后，抢修人员进入抢修区域，车站应监督抢修人员进入正确的区域。

（4）抢修期间严禁运行列车进入抢修的区间或站台区域。

（5）抢修人员抢修结束、出清线路、恢复运营条件后，及时通知车站，车站通知行调抢修结束，车站确认防护措施撤除后再次通知行调，行调恢复运营。

（6）抢修人员及时到车控室补办相关手续。

3. 安全避让区域抢修作业规定

（1）特殊情况在有安全地带避让列车的轨行区进行抢修作业时，须征得值班主任同意，

行调及时将相关通知车站和司机。现场指挥由抢修负责人担当，涉及两个及其以上专业的联合抢修，根据相关应急预案或由综合调度确定现场抢修负责人。抢修单位应在车控室安排胜任的联络防护员。

（2）抢修过程中需行车人员配合的事项，由现场抢修负责人（或其指定的胜任人员）汇报行调，配合过程中，现场抢修负责人可通过联络防护员与车站联系配合细节。

（3）故障抢修前，抢修负责人向车站请点，车站向行调请点，行调应问清抢修地点是否具有安全避让区域，确认具备抢修条件后，通知车站可以抢修。故障恢复、抢修结束、线路出清后，抢修负责人向车站销点，车站向行调销点，同时到车站补办请销点手续。

（4）抢修期间，为确保列车运行安全而采取的临时应急安全措施（如钩锁或撤销故障道岔的钩锁）及故障设备恢复试验等，需得到行调的同意。

（5）抢修过程中，涉及行车安全的进路准备及故障排查，行调应严格控制列车运行方式，进出抢修区段的列车司机，应严格按照行调的指令运行，加强瞭望，注意鸣笛。

4. 运营期间需开行工程车配合的抢修作业

运营期间在正线需开行工程车进行施工抢修时，施工负责人需向总调中心值班主任申请，并经分管副总同意后，由值班主任指定专人负责开行事宜。

施工负责人需向总调中心书面说明详细开行计划，包含开行路径、开行次数、作业区域、开行防护、作业要求等内容，特殊情况时可先口头说明。

总调中心批准开行计划后，立即通知信号楼、派班室以及相关车站做好工程车开行准备。

5. 基地内发生各类设备故障或事故时抢修作业

（1）由信号楼调度员封锁相关线路。

（2）如为行车事故，由信号楼调度员统筹组织处理，检修调度员、综合调度配合。

（3）属车辆系统管辖设备故障，由检修调度统筹组织处理，并指定一名专业人员为现场指挥。

（4）除车辆及办公室管辖设备设施以外的设备设施故障，由综合调度统筹处理，并指定一名相关专业人员为现场指挥。

十三、施工计划安全统计分析

月计划、日补充计划、临时补充计划的实际完成件数。

月计划、日补充计划的兑现率。

未按月计划、日补充计划完成的施工件数及原因。

已完成月计划、日补充计划的施工时间利用率，即实际施工时间与计划施工时间比率；临时补充计划实际施工时间。

附表1　外单位施工作业管理流程

附表2　月计划（日补充计划/临时补充计划）编制流程

附表3　施工作业令

附表4　车站施工检修登记簿

附表5　调度命令

附表1 外单位施工作业管理流程

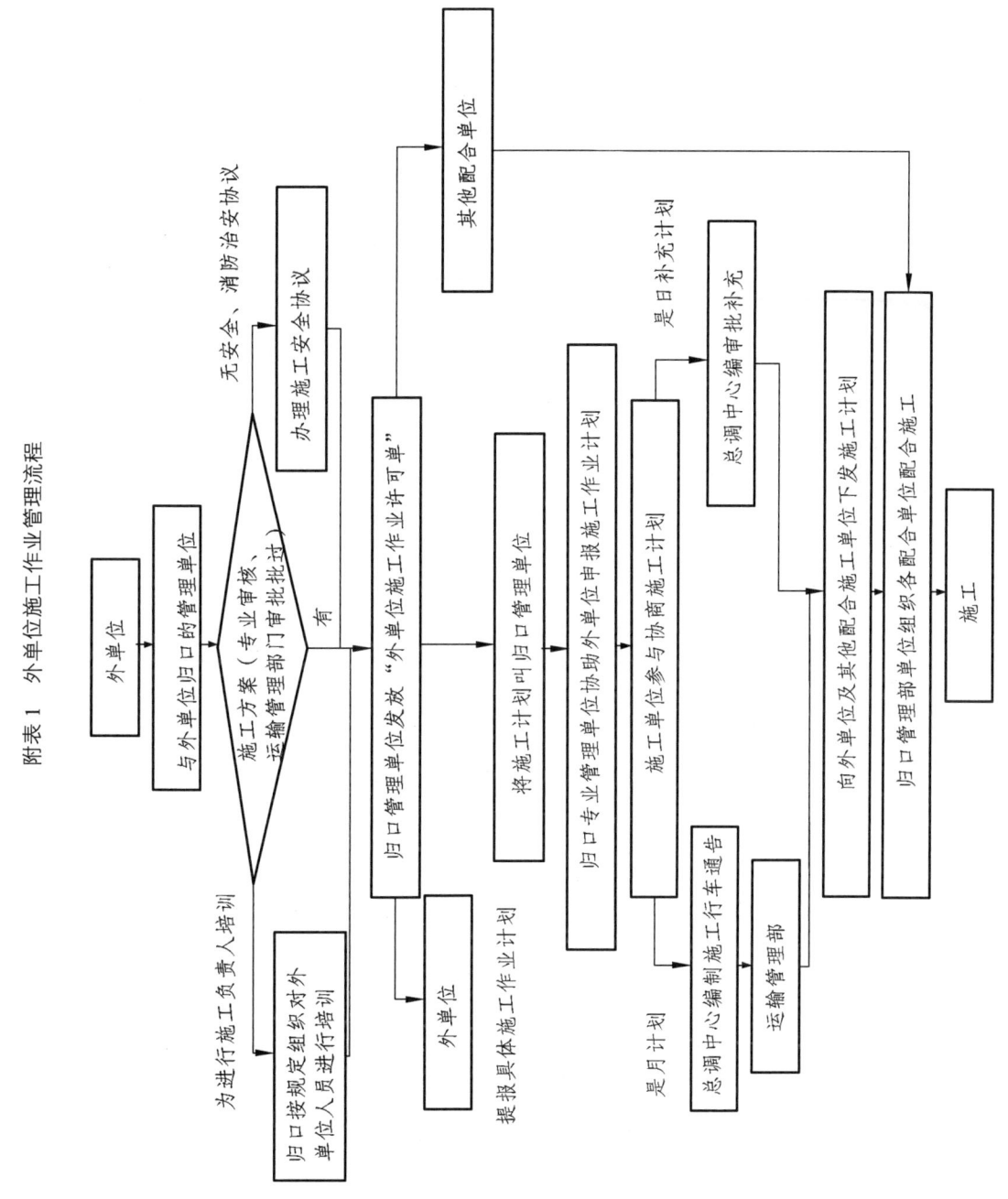

附表2 月计划（日补充计划/临时补充计划）编制流程

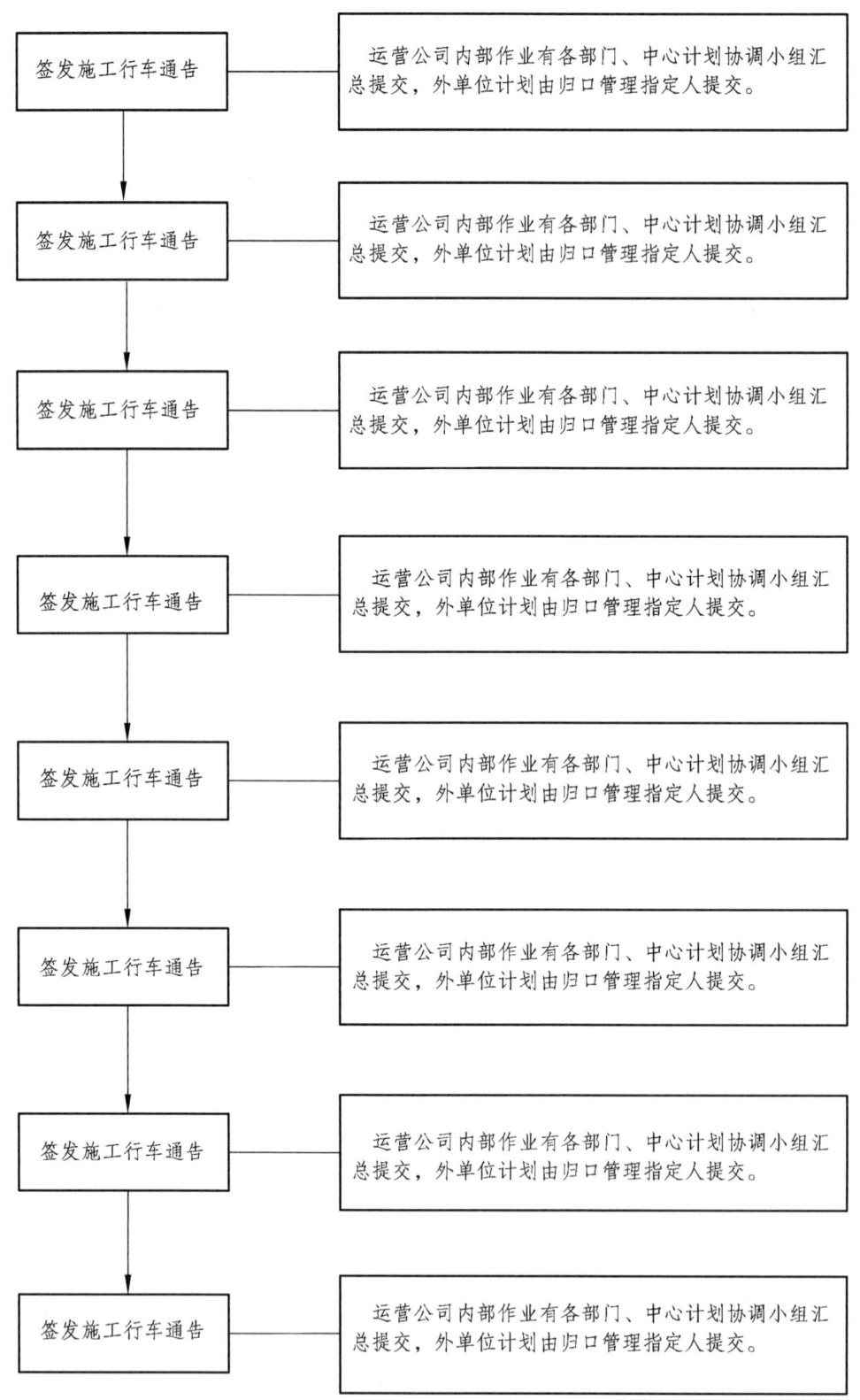

附表3 施工作业令

施工作业令

YYZL/GL—行调—003

作业代码	C1-07-01	作业令号	[2010]运营字第（0407）-26号		
作业单位	江苏联宏		主　站		
作业时间	2010年4月7日次日 0:00-4:00		负责人	王维强	
作业地点	迈皋桥降压所		联系电话	13705178564	
作业内容	400V Ⅰ段开关柜安装能源监管装置		作业人数		
安全防护措施以及工程车作业要求	1、现场防护； 2、做好出清工作，在销点时报告出清情况； 3、严禁越出作业区域作业；				
封锁区间	现场防护				
停电区间	迈皋桥站三类负荷停电，其它负荷停一路电源				
协作及其它	供电中心配合				
发令人	（施工调度作业令专用章）				
辅站及联络人					
完成情况					
请点	时间	销点	时间	销令	时间
	批准人		批准人		批准人

附表4 车站施工检修登记簿

车站施工（检修）登记簿

YYZL—站行—001

			施　工　登　记　内　容								施　工　注　销　内　容					
月日	作业代码	施工单位	施工负责人	施工内容	施工地点	施工时间 起	施工时间 止	行值同意签认	行调承认时间	行调承认号码	备注	注销时间	注销人签名	施工结果	行值同意签认	行调销点时间	行调代码	备注

附表 5　调度命令

调度命令

200＿＿年＿＿月＿＿日＿＿时＿＿分　　　　　　　　　　第＿＿号

受令处所		调度员姓名	
内容			

受令车站＿＿＿＿＿＿＿＿　　　　　　　　　　车站值班员＿＿＿＿＿＿＿＿

任务五　车站施工管理规范

一、报修安全管理

（1）将所有常见故障分为 A（A1，A2）、B（B1，B2，B3，B4）、C 三大类。

（2）A 类故障，统一报各中心生产调度/二级调度，其中对行车及运营服务影响较大的故障，通过 EAM 系统报修后，再报总调中心综合调度（90557）。其中 A1 类为直接影响行车安全或严重影响运营服务的故障，须于报修后 24 小时内修复；A2 类须在 3 日内修复。

B 类故障，统一报各中心生产调度/二级调度，其中 B1 类需 24 小时修复；B2 类 3 日内修复，B3 类 7 日内修复。B4 类为超出上述期限（需要定制产品设备或纳入工程改造等）尚未修复的故障由维修中心给出期限并报生产例会同意，此类问题接报中心生产调度/二级调度须在 3 日内回复车站修复期限，并在故障修复之前，每周回复车站维修进度。

C 类故障，直接报公司相关部门，外部单位或中心内办事员，此类问题的修复期限为 1～7 日。此类问题如长期未修复，报修中心须做好统计汇总。

（3）各部门中心要对各自的报修环节和流程管理制定相应的制度，并严格按制度执行。

（4）车站应尽力先行判断，避免由于报错部门造成延误。接报中心需执行首问负责制，第一接报中心需及时登记、维修并给予报修单位故障登记号，如遇不是自己中心负责的故障及时联系转出。需多个中心进行配合的故障应由第一接报中心生产调度/二级调度进行扎口协调。无法协调时报运输管理部进行协调，落实维修单位。每个中心由生产调度/二级调度（无生产调度/二级调度指定专人负责）负责故障问题的管理与协调。

（5）超期未修复的问题由站务中心汇总，站务中心应先与各维修中心进行沟通，确认无误后每月报计划企划部，由计划企划部视情况进行考核。

（6）如出现特殊原因未能修复的故障或现有分类不能满足的情况时，相关维修中心应向计划企划部提供原因说明。

（7）常见的故障报修见表 5-3。

表 5-3　常见的故障报修

序号	设备种类	故障分类	故障现象及影响	报修部门
1	不动产	卷帘门	不能正常使用	机自中心
2	行车设备	站台安全门	故　障	机自中心
3	行车设备	站台门防踏空胶条	破损、脱落等	机自中心
4	安全设备	消防手动报警器	玻璃破损或脱落	机自中心
5	安全设备	FAS	主机、消防按钮等	机自中心
6	安全设备	BAS	中央级故障或影响控制	机自中心
7	票务设备	TVM、GATE、POST	大面积故障	票务中心
8	行车设备	LOW	道岔、信号灯等一切故障	通号中心
9	行车设备	集中调度台	呼叫不应	通号中心
10	行车设备	站台 DTI	黑屏	通号中心
11	行车设备	电话、模拟电话机	通信不畅	通号中心
12	服务设备	电梯对讲通话设备	故　障	通号中心
13	行车设备	站台 ESB 紧急停车按钮	玻璃碎	通号中心
14	行车设备	车控室紧停、扣车按钮	故　障	通号中心
15	行车设备	时　钟	时间误差	通号中心
16	服务设备	PIIS	信息不准确等	通号中心/资源开发公司
17	行车设备	800 兆无线电台、充电器	不能正常使用	通号中心
18	行车设备	二号线部分车站无线发射系统（站台关门状态辅助显示设备）	不显示、错误显示等	通号中心
19	不动产	站台门绝缘地板、绝缘漆	脱落、破损等	工务中心
20	不动产	车站范围内装饰、天花板、地砖、钢花玻璃、大理石、混凝土等	影响运营或乘客安全	工务中心
21	服务设备	电扶梯（非外来因素，乘客人为损坏）	暂停服务、有异响等	机自中心
22	服务设备	残梯/升降台	暂停服务、有异响等	机自中心
23	低压供电	车站照明	灯管坏或不亮大于设备总量三分之一	机自中心
24	行车设备	综合监控系统	显示错误等	机自中心
25	票务设备	SC	数据不准等故障	票务中心
26	票务设备	AFC 设备	单台设备故障	票务中心
27	行车设备	站台摄像头	故　障	通号中心

续表

序号	设备种类	故障分类	故障现象及影响	报修部门
28	行车设备	CCTV	无法切换、蓝屏等	通号中心
29	服务设备	广播系统	硬件、软件等一切故障	通号中心
30	公示宣传	车站范围导向标识（不带电）	脱落或破损	工务中心
31	服务设备	站名牌	硬件破损	工务中心
32	不动产	楼梯扶手	松动、破损	工务中心
33	低压供电	地面电插座	破损	机自中心
34	安全设备	紧急逃生指示装置	不亮或破损	机自中心
35	低压供电	带电导向标识	不亮	机自中心
36	不动产	窨井盖	破损	机自中心
37	不动产	高架站带有车站内排水功能的站内排水管	破损	机自中心
38	行车设备	调度命令发布系统	不能正常使用	科研中心
39	行车设备	施工管理系统	不能正常使用	科研中心
40	低压供电	电表箱盖	破损（面板、箱体脱落）	机自中心
41	低压供电	公共区电源箱外的防护箱体及锁	破损（面板、箱体脱落）	机自中心
42	低压供电	站名牌	灯管不亮	机自中心
43	低压供电	站名亮化	灯管不亮	机自中心
44	低压供电	车站广场亮化照明	灯具坏	机自中心
45	低压供电	小行钟楼梅花标	灯管不亮	机自中心
46	不动产	盲道	砖活动或破损	工务中心
47	不动产	防静电地板	个别损坏、凹陷等	工务中心
48	安全设备	站台黄线	磨损	工务中心
49	不动产	门、窗、锁、瓷砖、地砖、窗帘等	影响使用	工务中心
50	不动产	地图架、宣传栏	边框损坏	工务中心
51	不动产	小行广场大钟支架主体结构	破损	工务中心
52	不动产	换气扇	损坏	工务中心
53	不动产	地面风亭及周围栅栏	破损	工务中心
54	不动产	广场电灯杆的浇制基座	破损	工务中心
55	不动产	排水沟、高架站（桥）直排雨水管等	堵塞、破损	工务中心
56	生活卫生	锁、窗帘、门帘	坏、破损	工务中心
57	低压供电	灯箱	灯管不亮	机自中心
58	服务设备	空调	不能正常使用	机自中心
59	生活卫生	茶水炉	不能正常使用	机自中心
60	生活卫生	管件、阀门、地漏等构件	影响使用	机自中心

续表

序号	设备种类	故障分类	故障现象及影响	报修部门
61	生活卫生	厕所下水系统	下水管堵塞	机自中心
62	生活卫生	开水间下水系统	下水管堵塞	机自中心
63	生活卫生	下水道	堵塞	机自中心
64	安全设备	防烟玻璃	裂损	工务中心
65	不动产	站台、站厅等部位漏水、渗水	影响服务	工务中心
66	不动产	钢化玻璃	破、裂、碎	工务中心
67	不动产	装饰板、天花板	脱落、破损	工务中心
68	不动产	车站范围的混凝土、大理石部分	破、裂、损坏等	工务中心
69	服务设备	站外PDS导向	破损、损坏等	工务中心
70	生活卫生	厕所水箱、蹲坑、便池等卫生间洁具	不能正常使用	机自中心
71	低压供电	车站照明	灯管坏或不亮小于设备总量三分之一	机自中心
72	票务设备	IC卡充值	打印机、充值机等问题	IC卡公司
73	综合	金陵通卡充值机	不能正常使用	IC卡公司
74	安全设备	呼吸器、隔热服	不能正常使用或过期等	安保部
75	安全设备	灭火器	不能正常使用或过期等	站务中心
76	安全设备	消防栓（枪头、水龙带、水阀等内部部件）	损坏	机自中心
77	安全设备	消防栓箱、低压配电箱等与周边装饰不一致的箱门、门框	破、裂、损坏等	机自中心
78	安全设备	消防栓箱、低压配电箱等与周边装饰一致的箱门、门框	破、裂、损坏等	工务中心
79	安全设备	手持金属探测仪、手持液体探测仪、X光射线机等安检设备	损坏、故障	机自中心
80	服务设备	车站LED显示屏	黑屏或乱码	厂家
81	票务设备	点钞机	不能正常使用	厂家
82	票务设备	点票机、点币机	不能正常使用	厂家
83	综合	自动贩卖机、百事可乐机	不能正常使用	厂家
84	安全设备	公安监控摄像头	不能正常使用	地铁公安
85	票务设备	小推车	硬件破损	工务中心
86	综合	车站绿化、站厅花盆	脏、乱、污物等	绿之星
87	行车设备	PDP（LCD站台电视）	黑屏、无节目播出、无时间信息时	资源开发公司
88	服务设备	门禁系统	硬件损坏、软件失灵等	机自中心
89	服务设备	车站边门系统	硬件损坏、软件失灵等	机自中心

续表

序号	设备种类	故障分类	故障现象及影响	报修部门
90	服务设备	满意度评价系统	硬件损坏、软件失灵等	科研中心
91	服务设备	钥匙管理系统	硬件损坏、软件失灵等	科研中心
92	办公设施	车站电脑	硬、软件故障	科研中心
93	办公设施	巡更系统	不能正常使用	科研中心
94	综合	触摸屏考试系统	不能正常使用	科研中心
95	综合	LOW模拟系统	不能正常使用	科研中心
96	服务设备	电扶梯的紧停标贴、请握扶手请勿停留标贴	破损	机自中心
97	服务设备	安全门编号	破损	乘务中心
98	服务设备	安全门警示标贴	破损	机自中心
99	服务设备	小心碰头标贴和牌子	破损	机自中心
100	服务设备	自动售票机、闸机刷卡区、回收口、闸机黄线	破损	票务中心
101	服务设备	站外PDS损坏、遗失、牛皮癣	破损	工务中心
102	行车设备	落轨梯子	破损	站务中心
103	行车设备	拾物钳子	破损	站务中心
104	安全设备	防洪挡板、铁马	磨损	站务中心
105	行车设备	录音电话	不能正常使用	站务中心
106	生活卫生	电冰箱、微波炉	不能正常使用	厂家
107	办公设施	打印机	硒鼓坏、缺墨等	站务中心
108	行车设备	手持广播、手提式防爆探照灯、双面警示灯、多功能袖珍信号灯	不能正常使用	站务中心
109	行车设备	400兆无线电台	不能正常使用	站务中心
110	行车设备	400兆无线电台充电器	不能正常充电	站务中心
111	行车设备	电话、模拟电话机	电话机问题	站务中心
112	服务设备	担架、轮椅	不能正常使用	站务中心
113	办公设施	电脑网线	无法连接	科研中心
114	服务设备	车站水牌、一米线	硬件破损	站务中心
115	生活卫生	桌、椅、更衣柜	破损	厂家
116	生活卫生	垃圾桶	破损	站务中心
117	办公设施	文件柜	破损	厂家
118	办公设施	沙发	破损	厂家
119	办公设施	传真机	不能正常使用	站务中心

序号	设备种类	故障分类	故障现象及影响	报修部门
120	综合	药品	数量不够	站务中心
121	公示宣传	票亭1.3 m、服务热线、票价表、请至另一侧票亭、请出站至非付费区排队充值	标贴破损	站务中心
122	公示宣传	出入口时刻表、线网图、爱心接力牌、监控区域、安检标贴、高炮	标贴破损	站务中心
123	公示宣传	站务管理用房的办公门牌	标贴破损	站务中心
124	公示宣传	电扶梯十严禁	标贴破损	站务中心
125	公示宣传	消防栓责任人	标贴破损	站务中心
126	公示宣传	安全门上请往人少的地方候车、先下后上、端门标贴、线路图、站名	标贴破损	站务中心
127	公示宣传	站内所有水牌内、墙面、地面、吊牌等所有标贴	标贴破损	站务中心
128	公示宣传	便民服务看板、服务明星榜、公告栏、售卡宣传海报、车控室窗口服务宗旨等	标贴破损	站务中心
129	公示宣传	车站地图、出入口信息、公交信息	标贴破损	站务中心
130	公示宣传	品牌车站的包装	标贴破损	站务中心
131	公示宣传	办公区内应急流程看板、岗位职责	框架、标贴破损	站务中心
132	公示宣传	一、二号线站立式废票回收箱、单人位服务咨询台	标贴破损	站务中心
133	公示宣传	站外PDS信息错误，指向错误	内容有误	站务中心
134	综合	雨伞、雨伞架	损坏	站务中心

二、车站施工管理细则

（一）施工作业人工书面登记

（1）确定人工书面登记作业期，其间先采用施工管理系统软件办理，再采用人工书面登记补办。

（2）在施工管理系统和人工书面登记办理并行作业期间，以施工管理系统为主，人工书面办理为辅，施工作业调度命令发布及停送电通知单发布均采用软件及人工两种方式办理，并以软件为主。

（3）每月施工作业并行（两种方式同时采用）登记期间，由各线行调通知车站采用人工书面登记办理；当基地施工作业包含正线时，信号楼调度员必须做好人工书面登记工作。

（4）新上岗员工或学员采用人工书面登记办理施工作业时，各班必须安排胜任人员现场保障、指导。

(5)当施工管理系统发生故障影响正常登记作业时,由值班主任批准,采用人工书面登记办理,并按规定将故障信息报科研中心。

(二)施工防护

(1)线路部分区间封锁的施工,作业前,由请点车站站务人员设置红闪灯,并通知作业区另一端车站站务人员放置红闪灯防护。施工结束后,站务人员撤除红闪灯,并通知作业区另一端车站站务人员撤除红闪灯,确认施工人员工具出清、设备正常、防护措施已撤除后,向行调销点。如遇跨越站内站间封锁施工时,站务人员应在另一端墙门处设置红闪灯防护。全线进行封锁的施工作业,无须放置红闪灯。

(2)车站值班人员应到站台检查红闪灯是否按规定摆放,监督红闪灯状态是否良好,并做好过程控制。

(3)车站应监督下轨行区作业的人员做好自身安全防护;固定作业地点的作业,施工单位负责在施工区域的两端的轨道中央设置红闪灯或派专人防护。

(4)车站现场设置红闪灯的位置:安全门端门处的外方(司机立岗处),紧临站台边缘。设置要求:红闪灯直立于该处,灯面面向来车方向。

(三)站务中心动火作业现场监管

(1)凡在车站范围内的动火作业,各站除严格按《施工(检修)管理办法》把控外,还需按照此监管办法执行。

(2)凡在车站范围内的动火作业,施工请点登记前,各站需审核施工方的临时动火作业许可证,按临时动火作业许可证内容明确其作业时间、地点,不可超出临时动火作业许可证上规定的时间范围、车站范围。

(3)凡经批准的动火作业,动火作业前车站需向施工方强调动火作业中的安全防范要求,要求施工方做到动火前"八不":防火、灭火措施不落实不动火,周围的易燃杂物未清除不动火,附近难移动的易燃结构未经采取安全措施不动火,凡盛装过油类等易燃液体的容器、管道未经洗刷干净、排除残存油质的不动火,凡盛装过气体受热膨胀有爆炸危险的容器和管道不动火,凡储存有易燃易爆危险品的车间、仓库和场所未经排除易燃易爆危险的不动火,在高空进行焊割作业时下面的可燃物品未清理或未采取安全防护措施的不动火,未配备相应灭火器材的不动火。

(4)车站批准的动火作业,动火过程中车站需指定专人在动火现场履行监督和防火的职责,行值需使用 CCTV 全程监控动火作业过程,监督施工方按"四要"要求开展动火作业,确保动火现场的安全;其中动火中"四要"内容具体如下:动火中要有现场安全负责人,现场安全负责人和动火人员发现不安全苗头时要立即停止动火,发生火灾爆炸事故时要及时扑救,动火人员要严格执行动火安全操作规程。

(5)动火作业结束后,车站需确认现场设施设备恢复正常、工器具物料出清现场、无安全隐患,监督施工方做到动火后"一清"后,方可按规定办理施工销点手续;其中动火后"一清"内容具体如下:动火人员和现场安全负责人在动火后,应彻底清理现场火种后才能离开现场。

（6）禁火区域和场所，严禁明火作业，地铁列车运营时间严禁在车站公共区域动火施工。

三、区间风井管理

为确保车站区间风井保安撤出现场后，站务中心车站能完成对区间风井的日常管理工作，特制定站务中心区间风井管理制度。

1. 钥匙管理

（1）车站将区间风井钥匙按照站务中心钥匙管理规定放置在车控室钥匙柜中。

（2）相关专业人员到车控室借用区间风井钥匙时，行车值班员需通知值班站长到车控室对专业人员（必须要求正式员工）身份进行确认，并按规定进行钥匙借用登记，行值和值站双人签字确认。

（3）外单位人员到车站施工时，必须要求有运营公司专业人员配合，并由专业人员办理借用钥匙手续。

2. 施工管理

（1）相关专业人员（必须要求正式员工）到车站借用钥匙施工时，必须按规定进行施工登记，车站行车值班员进行身份核对，施工销点时要注明"人员工具清，门已锁好"。

（2）如涉及区间风井附近的轨行区施工，车站行车值班员要确认施工软件中有无此项施工计划。

（3）区间风井附近的轨行区施工，施工人员需从车站站台端门进出轨行区至施工区段，严禁施工人员直接从风井进出。

3. 监控管理

（1）相关车站行车值班员利用CCTV对区间风井进行监控检查，检查频率为6:00-23:00时间段内每一小时一次、运营结束后一次，并将检查结果登记在《关键监控点检查表》上。

（2）相关专业人员施工结束后到车控室销点时，车站行车值班员需利用CCTV对区间风井进行巡视检查，确保人员工具清，通道门已关闭。

项目六
运营线路保护区及外部施工配合管理办法

任务一 运营线路地铁设施保护区

运营线路保护区主要是轨道交通控制保护区和轨道交通特别保护区，保障轨道交通规划、建设的顺利进行和建成后的安全运营。

一、控制保护区范围

（1）地下车站和隧道结构外边线外侧 50 m 内。
（2）地面车站和地面线路、高架车站和高架线路结构外边线外侧 30 m 内。
（3）出入口、通风亭、冷却塔、主变电所、残疾人直升电梯等建（构）筑物结构外边线和车辆基地用地范围外侧 10 m 内。

二、特别保护区范围

（1）地下车站和隧道结构外边线外侧 5 m 内。
（2）地面车站和地面线路、高架车站和高架线路结构外边线外侧 3 m 内。
（3）出入口、通风亭、冷却塔、主变电所、残疾人直升电梯等建（构）筑物结构外边线和车辆基地用地范围外侧 5 m 内。
（4）轨道交通过江（河、湖）隧道结构外边线外侧 50 m 内。
（5）因其他特殊情况，需要扩大控制保护区和特别保护区范围的，由轨道交通经营单位提出，经市规划行政主管部门审核后，报市人民政府批准。
轨道交通经营单位在轨道交通沿线设置路线标志，任何人不得毁坏或者擅自移动。
施工工程确需穿行既有轨道交通隧道的，应当征求轨道交通经营单位的意见，并制定相应的安全保障措施。

三、外部施工项目

在运营线路设施保护区内由外部建设单位（地铁集团内部单位除外）施工的项目。

四、组织机构及职责

1. 运营线路设施保护管理领导小组职责

为加强对运营线路设施保护管理的领导工作，保障运营线路的设施安全和运营安全，成立运营线路设施保护管理领导小组。

组长：总经理

副组长：公司副职领导

成员：各部门、中心负责人

（1）负责运营线路设施保护总体管理工作。

（2）负责运营线路重点区段设施保护的审查与决策工作。

（3）负责运营线路地铁设施保护区内重点项目外部施工方案的审查与决策工作。

（4）负责运营线路地铁设施保护区内外部施工总体协调与管理工作。

2. 工程管理部职责

领导小组下设办公室，办公室设在工程管理部，部长兼任办公室主任，成员由相关部门分管领导、专业工程师以及相关中心分管领导、专业工程师担任。工程管理部是公司运营线路设施保护及外部施工配合管理的归口部门，牵头运营线路设施保护及外部施工配合工作。

（1）负责公司运营线路设施保护及外部施工配合管理办法的编制、修订和解释。

（2）负责组织运营线路设施保护管理工作例会。

（3）负责牵头对运营线路地铁设施保护区内建设项目的设计文件和施工方案审查工作。

（4）负责运营线路地铁设施保护区内外部施工配合组织与协调。

（5）牵头组织配合集团公司对涉及运营线路设施安全建设项目设计文件、施工方案等出具运营公司关于地铁设施保护的审查意见。

（6）负责组织研究因外部因素造成地铁设施破坏或存在安全风险的处置方案并组织实施。

（7）负责牵头组织与外单位进行配合费用的谈判。

（8）负责与外单位签订地铁设施保护区内建设项目施工配合协议。

（9）负责对部门（中心）提报的外单施工配合加班进行审核、汇总。

3. 安全保卫部职责

（1）负责牵头运营线路地铁设施的安全保卫工作。

（2）负责协调地铁交通设施保护办公室对给运营线路地铁设施造成破坏或安全风险的单位或个人进行行政执法。

（3）负责与外单位签订地铁设施保护区内建设项目施工安全生产协议，并收取安全保证金和相关安全考核工作。

（4）负责对地铁设施保护区内建设项目施工的违章行为进行制止，并根据安全协议进行考核。

（5）负责对接地铁公安，配合其办理相关工作。

4. 运输管理部职责

（1）负责因运营线路设施保护需要进行必要的运输组织调整。

（2）负责外单位施工负责人培训。
（3）负责外单位在运营公司范围内施工时施工计划管理。

5. 财务审计部职责

（1）配合与外单位签订地铁设施保护区内建设项目施工配合协议。
（2）负责地铁设施保护区内建设项目施工配合费用的收取，并出具相关凭证。
（3）负责发放施工配合人员的施工配合费。

6. 招标采购部（物流中心）职责

配合与外单位签订地铁设施保护区内建设项目施工配合协议。

7. 人力资源部职责

负责施工配合人员加班配合费用的审核。

8. 工务中心职责

（1）负责运营线路保护区巡查与检查。
（2）负责分析资源开发公司报送的关于运营线路保护区监测报告，并提出相关结构保护意见。
（3）负责既有运营线路永久结构变形监测并定期分析形成报告，并提出相关结构保护意见。
（4）负责对运营线路地铁设施保护区内建设项目设计文件和施工方案进行地铁设施保护专业审查。
（5）负责对运营线路地铁设施保护区内建设项目施工时地铁设施保护专业配合。
（6）负责配合集团公司对涉及运营线路设施安全建设项目设计文件、施工方案等出具地铁设施保护专业审查意见。
（7）参与研究因外部因素造成地铁设施破坏或存在安全风险的处置方案并实施。
（8）负责工务专业设施的日常巡查与维护。
（9）负责地铁设施保护区内建设项目本中心负责专业配合计划的申报。
（10）负责本中心地铁实施保护区内建设项目施工配合加班的申报。

9. 其他部门（中心）职责

（1）负责对运营线路地铁设施保护区内建设项目设计文件和施工方案进行地铁设施保护专业审查。
（2）负责对运营线路地铁设施保护区内建设项目施工时地铁设施保护专业配合。
（3）负责配合集团公司对涉及运营线路设施安全建设项目设计文件、施工方案等出具地铁设施保护专业审查意见。
（4）参与研究因外部因素造成地铁设施破坏或存在安全风险的处置方案并实施。
（5）负责各专业设施的日常巡查与维护。
（6）负责地铁设施保护区内建设项目本部门（中心）负责专业配合计划的申报。
（7）负责本部门（中心）地铁实施保护区内建设项目施工配合加班的申报。

10. 外单位职责

（1）负责向南京地铁运营公司提报建设项目的设计文件和施工方案。

（2）负责根据运营公司关于地铁设施保护的审查意见对建设项目的设计文件和施工方案进行修改完善。

（3）负责与运营公司签订地铁设施保护区内建设项目施工安全协议、配合协议，并交纳安全保证金及施工配合费等费用。

（4）负责地铁设施保护区内建设项目的施工管理，其中在地铁运营公司范围内的施工必须遵守南京地铁运营公司关于施工检修的各项管理制度与规定。

（5）负责按照设计文件和施工方案的要求进行施工，落实运营公司关于地铁设施保护的各项审查意见。

五、运营线路设施保护工作具体内容

1. 工作内容

运营线路设施保护的主要目的是保证运营线路设施安全。其主要工作内容有：运营线路保护区巡查；运营线路地铁设施安全保卫；对与运营线路地铁设施保护区内建设项目进行审查并在施工阶段组织地铁设施保护配合；配合集团公司对涉及运营线路设施安全建设项目设计文件、施工方案等出具运营公司地铁设施保护审查意见；研究因外部因素对地铁设施造成破坏或安全风险的处置方案并组织实施。

2. 例会制度

运营线路设施保护办公室（工程管理部）负责组召开公司运营线路设施保护管理工作例会。工作例会研究解决关于运营线路设施保护管理相关工作，各相关部门、中心参加会议，并应根据例会意见开展各项工作。必要时运营线路设施保护办公室提议领导小组召开工作专题会议，协调解决运营线路设施保护重大事宜。

3. 会签制度

对运营线路地铁设施保护区内建设项目的地铁设施保护审查意见应经各相关部门、中心会签后，由工程管理部报公司领导批准。

因外部因素对地铁设施造成破坏或安全风险的处置方案应经各相关部门、中心会签后，由工程管理部报公司领导批准。

按要求需进入公文办理系统的文件应进行网上会签流程。

4. 保护区巡查与保护区监测数据分析整合

各中心根据专业检修规程要求组织对运营线路结构保护区巡查工作，并形成记录；工务中心应结合土建、轨道设施状态性能对运营线路保护区监测报告进行分析；每月工务中心应及时整合运营线路保护区巡查情况、保护区监测报告分析与永久结构变形监测分析，编制《运营线路保护区情况月报》，并与当月最后一个工作日前报工程管理部。

5. 地铁设施安全保卫

各部门、中心负责各专业设施日常巡查，巡查中如发现对地铁设施造成破坏或安全风险的事件应及时报安全保卫部;安全保卫部负责及时协调地铁交通设施保护办公室对给运营线路地铁设施造成破坏或安全风险的单位或个人进行行政执法。

6. 地铁设施保护方案审查

工程管理牵头组织相关部门、中心对与运营线路地铁设施保护区内建设项目方案进行地铁设施保护审查,或组织配合集团公司对涉及运营线路设施安全建设项目设计文件、施工方案等出具地铁设施保护审查意见,各相关部门、中心负责配合对方案进行审查并会签。

方案受理及审查程序:项目建设单位向运营公司提出书面审查函件并提供方案相关材料(集团公司或集团内其他子公司通过工作联系单提供方案相关材料),运营公司办公室按办文流程办理;工程管理部受理方案材料,根据方案涉及专业组织相关部门、中心组织方案审查;相关部门、中心在《运营线路设施保护外部施工方案审查表》会签审查意见,工程管理部会签审查意见并草拟回函,报运营公司领导批准;经公司领导批准后,正式回函,并抄送集团公司质量安全部。

方案审查材料由工程管理部负责存档,存档时间为该项目完成后 5 年。

7. 保护处置

运营线路保护区监测数据控制指标:设计文件所规定的总变形值为限值,限值的三分之一为报警值,限值的三分之二为警戒值,并以结构累计变形值和变形速率作为监控指标。工程管理部根据《运营线路保护区情况月报》反映的情况,组织研究运营线路保护区变形超标区段的处置方案并组织实施。

任务二 外部施工配合流程

工程管理部牵头进行外部施工配合的管理与协调。单一专业的地铁设施保护区内外部施工配合由相关中心负责,综合性、工程量较大的地铁设施保护区内外部施工配合由工程管理部牵头成立项目部,负责施工配合。主要专业负责现场管理,其他专业积极配合。

一、设计文件和施工方案审查

外单位在运营线路地铁设施保护区内的施工,必须按地铁集团公司和市政府相关规定,提报建设项目的设计文件和施工方案。

工程管理部牵头组织相关部门(中心)对设计文件和施工方案进行审查。相关部门(中心)对设计文件和施工方案中可能影响本专业实施设备方面的内容进行审查把关,并在《运营线路设施保护外部施工方案审查表》会签审查意见。

外单位应根据地铁运营公司的审查意见对建设项目的设计文件和施工方案进行修改完善。

若外部施工涉及地铁设施的迁移、改造和加固等内容,施工单位应编制其专项方案,若施工难度较大需组织专家会进行论证。

二、施工配合方案

如外单位建设项目对地铁设施设备影响较大的,运营公司需要制定施工配合总体方案与应急预案。

相关配合部门(中心)制定专业施工配合方案与应急预案,工程管理部对各专业施工配合方案进行整合和完善,制定运营公司施工配合总体方案与应急预案。

三、签订安全协议

安保部根据外单位施工方案,在《运营线路设施保护外部施工方案审查表》会签审查意见,并负责和外单位签订施工安全协议。外单位根据安全协议交纳安全保证金。

四、签订配合协议

根据建设项目施工方案,合理确定施工配合的人员和设施设备投入情况(含配合人员岗位和数量、设备设施台班使用、轨行区资源占用情况等),依据附录《配合费用收取测算的依据标准》进行施工配合费用测算。

当测算的施工配合费用小于一定标准时,由运营线路设施保护办公室负责组织配合费用谈判工作。

当测算的施工配合费用大于一定标准时,由公司分管副职领导负责组织配合费用谈判工作。

工程管理部与外单位签订配合施工协议,并报公司领导批准。

工程管理部负责办理收取外部单位交纳施工配合费的手续,交财务审计部开具相关凭证。

五、施工配合过程管理

外单位建设项目如需在地铁运营公司范围内进行施工的,施工需遵守地铁运营公司《施工检修管理办法》规定要求。施工进场前,外单位施工负责人要接受地铁施工管理培训,培训合格后取得"施工负责人培训合格证";外单位填报"施工方案申报表"经工程管理部、配合相关部门(中心)审核会签后,向外单位发放"外单位施工作业许可单";外单位取得"外单位施工作业许可单"与施工负责人培训合格证方可进入地铁运营公司范围进行施工。施工需按要求申报施工计划,并按照计划进行施工请销点。

根据施工配合方案,工程管理部牵头组织施工配合的管理,根据项目的所涉及的主要地铁设施确定外部施工项目现场主办配合单位,由主办配合单位负责现场施工管理和协调工作,同时负责办理施工计划申报、动火令等其他施工手续,其他相关配合部门(中心)做好具体专业施工配合工作。

建设项目进场施工后,外单位应严格按照地铁运营公司审查后的设计文件与施工方案进行施工。如地铁运营公司发现未按照设计文件与施工方案施工的,立即要求外单位停止施工并责令整改。

相关配合部门(中心)发现外单位施工过程中有违反公司相关制度规定的,应及时制止,并报安全保卫部。安全保卫部根据安全协议对外单位进行考核。

安全保卫部对外单位施工的违章违规行为进行制止并进行考核,对危害地铁设施设备的行为制止无效时,应立即通报地铁保护办公室取证执法。

六、施工配合流程图

施工配合流程如图 6-1 所示。

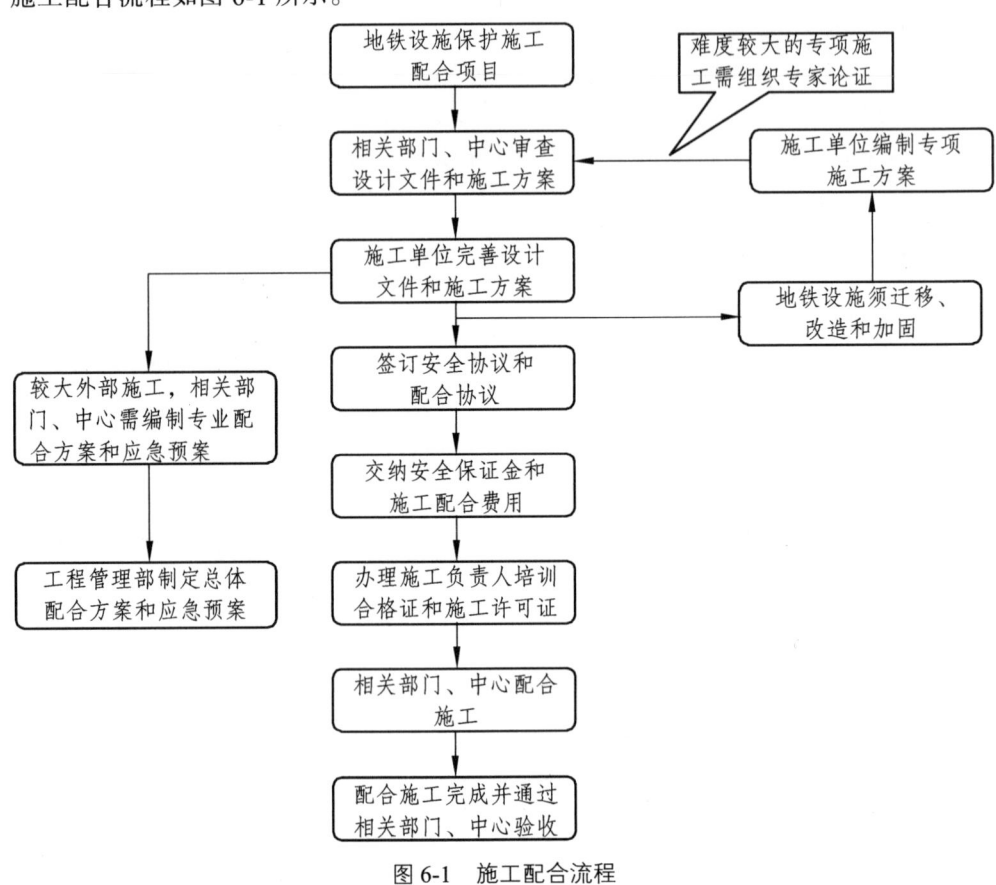

图 6-1 施工配合流程

任务三 施工安全管理系统

一、查看行车通告

1. 界面介绍

快速查看行车通告内容,默认显示当天的所有行车通告,如图 6-2 所示。

行车通告（2009年10月1日-2009年11月30日）　　　　　　　　　　　　　　　　查询

2009年11月25日（星期三）

作业代码	作业部门	作业时间	作业区域	作业内容	供电安排	负责人	联系电话	防护措施	备注	详细内容
A1-25-01	工务中心	次日0:10-3:30	1号线-迈皋桥-上下行线（含辅助线）	钢轨打磨	无要求	杨海滨	13814084936	封锁	一列钢轨打磨车配合，502/501次次日0:10在迈皋桥上行线待令，经行调同意后开始作业，作业期间由施工组织断人指挥，作业结束后迈皋桥下行线待令；设备中心、乘务中心、通号中心配合	查看详情
A2-25-01	南京康尼	23:50-次日3:50	1号线-奥体中心-上下行线	5000次测试	无要求	陈思威	15851821298	现场防护	溧阳立达:5000次测试，站台门项目配合	查看详情
A2-25-02	工务中心	次日0:00-3:20	1号线-新街口-红山动物园-上下行线（含辅助线）	线路检修	无要求	方昊	13770648437	现场防护	待502次工程车过后下轨行区作业	查看详情

图6-2　行车通告界面图

2. 功能介绍

查询：查询指定日期内的行车通告内容。

二、施工控制

界面介绍：

在施工过程中进行主要的请销点操作。施工控制界面显示当天、作业区域包括本站的施工计划。如图6-3所示。

车站施工控制

作业代码	作业时间	作业区域	作业内容	供电安排	备注	详细内容	作业状态	剩余时间	
A2-29-01	23:50-次日3:50	1号线-奥体中心-小行-上下行线	结构检修	A1-A3/B1-B3分区停电		查看详情	未开始	07:47:28	操作
A2-29-02	23:00-次日3:30	1号线-奥体中心-小行-上下行线	结构检修	A1-A3/B1-B3分区停电，作业区域接触网挂地线		查看详情	未开始	07:27:28	操作

图6-3　车站施工控制界面

三、作业状态界面

功能介绍：

主页面：

作业状态：显示指定作业请销点操作的历史记录。

剩余时间：显示该作业距离预定销点时间的剩余时间。

操作：进入请销点界面。如图6-4所示。

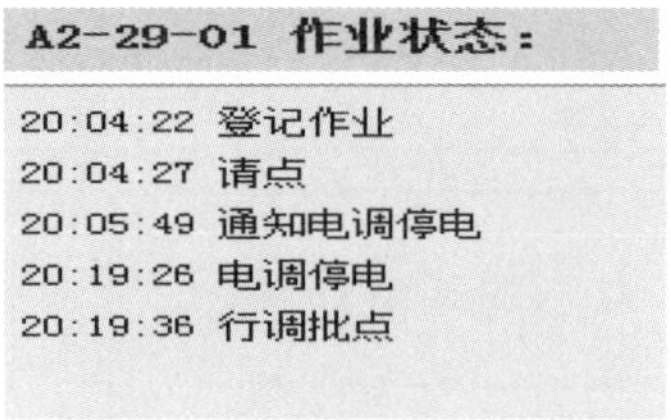

图 6-4 作业状态界面图

四、施工前准备界面

功能介绍：

施工密码：输入作业密码才能获得请点的权限。

请点地点：为本站，不能修改。

销点地点：输入销点地点，本作业结束的时候只能前往选定的车站进行销点。

施工人数：输入该作业施工需要的人数。

挂地线部门：如果该作业不需要挂地线，此处不可用。

如果该作业需要挂地线，请选择挂地线部门：

施工单位挂地线：如果施工单位具备接触网专业，自行挂地线，请选择此项。

接触网配合挂地线：如果施工单位不具备接触网专业，需要接触网配合，请选择此项。

下行线红闪灯位置：选择该作业在下行线放置红闪灯的位置。

红闪灯提供可选位置仅包括作业覆盖的区域，填写时必须需要同时指定头部和尾部的 位置。

上行线红闪灯位置：选择该作业在上行线放置红闪灯的位置。

下行线挂地线位置：选择该作业在上行线放置红闪灯的位置。当该作业不需要挂作业时不可用。

上行线挂地线位置：选择该作业在上行线放置红闪灯的位置。当该作业不需要挂作业时不可用。

保存：保存上述填写的信息，进入请点界面。

如图 6-5 所示。

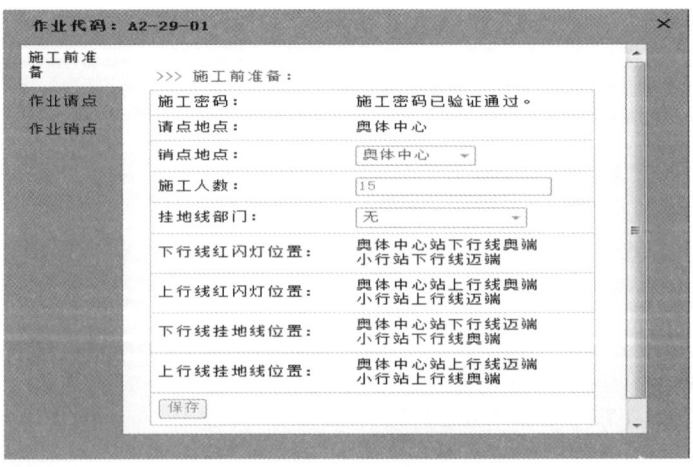

图 6-5 施工前准备界面图

五、作业请点界面

请点：向行调请点。等待行调进一步操作。
作业请点状态：显示该作业目前的请点进度。
开始防护：进入作业防护阶段。
防护结束：作业防护结束。
开始施工：开始进行作业施工阶段。进入作业销点界面。
如图 6-6 所示。

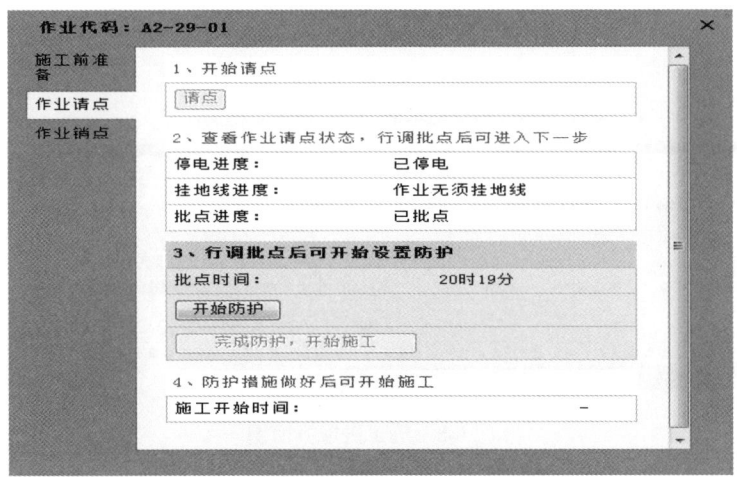

图 6-6　作业请点界面图

六、作业销点界面

施工结束：施工结束之后，请按下此项。
销点：向行调请求销点。
如图 6-7 所示。

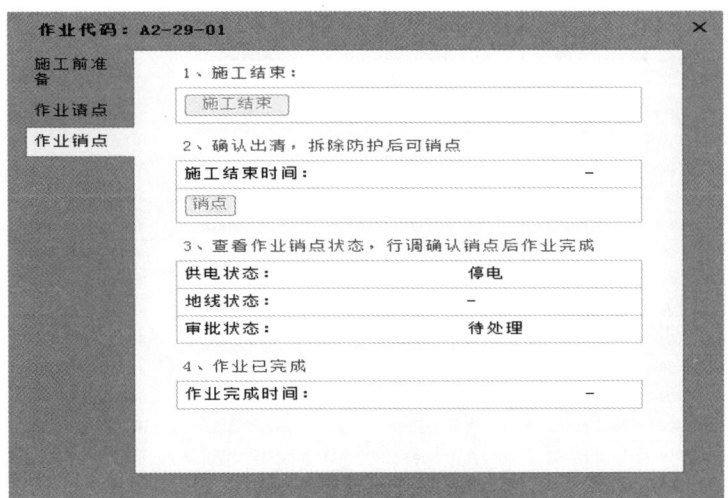

图 6-7　作业销点界面图

七、施工进展界面

该界面用甘特图显示当天各类施工的进展情况。默认显示当天与本站相关的作业。

功能介绍：

进度条：显示该作业的甘特图，当进度条为灰色时，表示正在进行的作业；当进度条为绿色的时候，表示该作业已经完成；当进度条为红色时，表示该作业距离预定销点时间只剩下 15 min，需要注意。

状态：显示该作业目前处于的状态。

详细进度条：显示选定作业的详细进度条。

查看当天所有作业：查看当天全部线路的作业进行情况。

查看本月所有施工：查看本月所有作业施工的情况。

如图 6-8 所示。

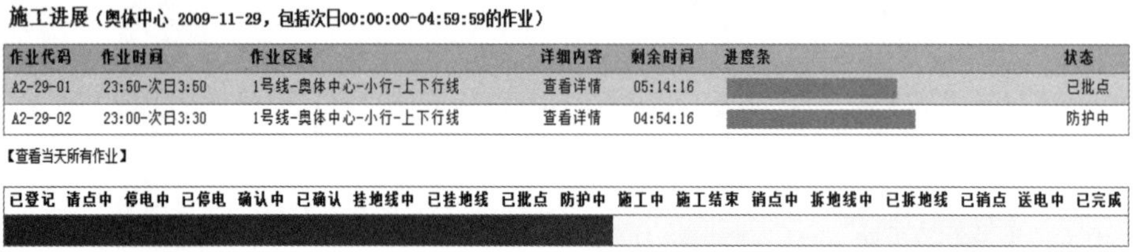
施工进展（奥体中心 2009-11-29，包括次日00:00:00-04:59:59的作业）

作业代码	作业时间	作业区域	详细内容	剩余时间	进度条	状态
A2-29-01	23:50-次日3:50	1号线-奥体中心-小行-上下行线	查看详情	05:14:16		已批点
A2-29-02	23:00-次日3:30	1号线-奥体中心-小行-上下行线	查看详情	04:54:16		防护中

【查看当天所有作业】

已登记	请点中	停电中	已停电	确认中	已确认	挂地线中	已挂地线	已批点	防护中	施工中	施工结束	销点中	拆地线中	已拆地线	已销点	送电中	已完成

图 6-8 施工进展界面图

八、作业历史记录界面

功能介绍：

查询：根据时间查询作业的相关信息。

作业记录：显示作业的请销点信息，操作记录和红闪灯，地线，停电区域等相关信息。

如图 6-9 所示。

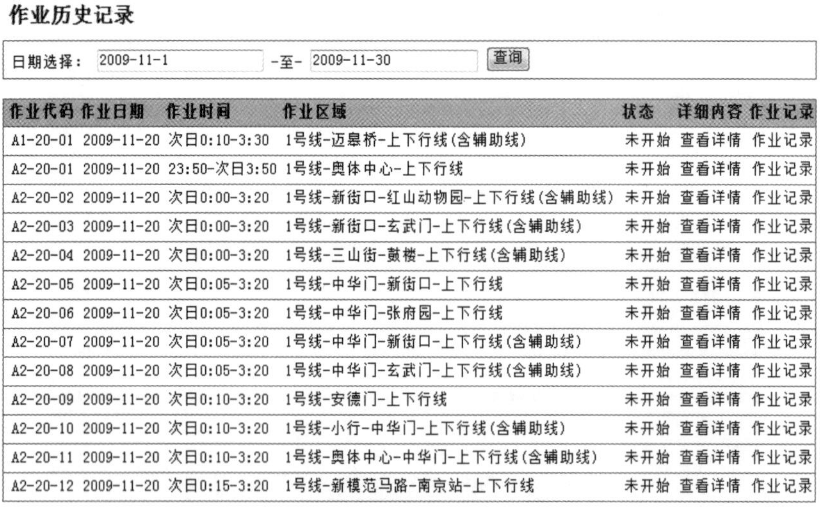
作业历史记录

日期选择： 2009-11-1 -至- 2009-11-30 查询

作业代码	作业日期	作业时间	作业区域	状态	详细内容	作业记录
A1-20-01	2009-11-20	次日0:10-3:30	1号线-迈皋桥-上下行线(含辅助线)	未开始	查看详情	作业记录
A2-20-01	2009-11-20	23:50-次日3:50	1号线-奥体中心-上下行线	未开始	查看详情	作业记录
A2-20-02	2009-11-20	次日0:00-3:20	1号线-新街口-红山动物园-上下行线(含辅助线)	未开始	查看详情	作业记录
A2-20-03	2009-11-20	次日0:00-3:20	1号线-新街口-玄武门-上下行线(含辅助线)	未开始	查看详情	作业记录
A2-20-04	2009-11-20	次日0:00-3:20	1号线-三山街-鼓楼-上下行线(含辅助线)	未开始	查看详情	作业记录
A2-20-05	2009-11-20	次日0:05-3:20	1号线-中华门-新街口-上下行线	未开始	查看详情	作业记录
A2-20-06	2009-11-20	次日0:05-3:20	1号线-中华门-张府园-上下行线	未开始	查看详情	作业记录
A2-20-07	2009-11-20	次日0:05-3:20	1号线-中华门-新街口-上下行线(含辅助线)	未开始	查看详情	作业记录
A2-20-08	2009-11-20	次日0:05-3:20	1号线-中华门-玄武门-上下行线(含辅助线)	未开始	查看详情	作业记录
A2-20-09	2009-11-20	次日0:10-3:20	1号线-安德门-上下行线	未开始	查看详情	作业记录
A2-20-10	2009-11-20	次日0:10-3:20	1号线-小行-中华门-上下行线(含辅助线)	未开始	查看详情	作业记录
A2-20-11	2009-11-20	次日0:10-3:20	1号线-奥体中心-中华门-上下行线(含辅助线)	未开始	查看详情	作业记录
A2-20-12	2009-11-20	次日0:15-3:20	1号线-新模范马路-南京站-上下行线	未开始	查看详情	作业记录

图 6-9 作业历史记录界面图

九、B3、C2 类作业登记界面

功能介绍：

作业性质：选择 B3 类或者 C2 类。

作业部门：输入作业施工的部门。

作业日期：选择作业施工的日期。

作业时间：选择作业施工的时间。

作业区域：输入作业施工的区域。

作业内容：输入作业施工的内容。

备注：输入注意事项。

施工负责人：输入施工负责人的姓名。

施工负责人联系方式：输入施工负责人的手机号。

送审部门：选择送审的部门。

如图 6-10 所示。

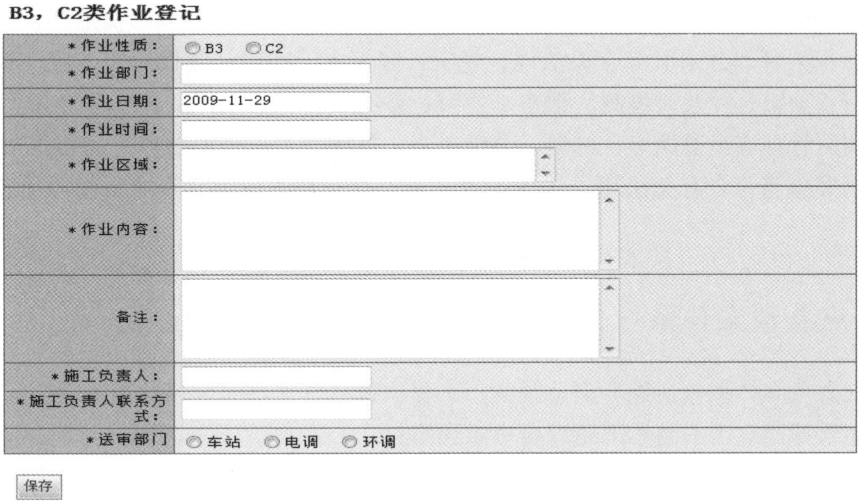

图 6-10　B3，C2 类作业登记界面图

十、B3、C2 类计划查看界面

功能介绍：

查询：查找指定日期内的 B3、C2 类作业施工情况。

如图 6-11 所示。

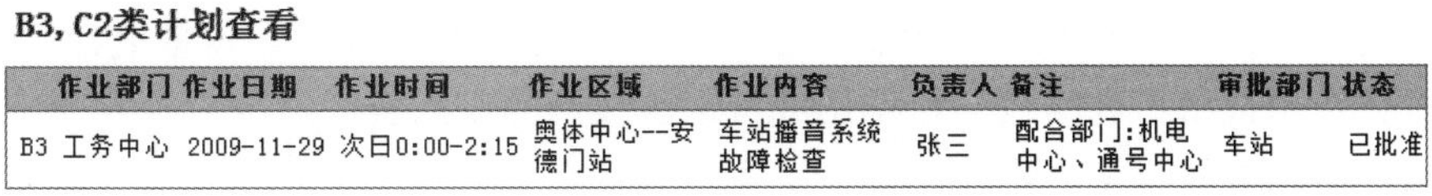

B3, C2类计划查看

	作业部门	作业日期	作业时间	作业区域	作业内容	负责人	备注	审批部门	状态
B3	工务中心	2009-11-29	次日0:00-2:15	奥体中心--安德门站	车站播音系统故障检查	张三	配合部门：机电中心、通号中心	车站	已批准

图 6-11　B3，C2 类计划查看界面图

项目七
城市轨道建设工程质量安全事故应急预案

任务一 应急预案的依据、原则、体系与风险评估

一、制定应急预案的依据及原则

为增强应急预案的针对性、实用性和可操作性，依据《中华人民共和国突发事件应对法》《建设工程安全生产管理条例》《突发事件应急预案管理办法》《城市轨道交通建设工程质量安全事故应急预案管理办法》等有关法规、规定，建设主管部门、建设单位、施工单位分别建立相应的应急预案，并及时编制、评审、发布、备案、培训、演练、评估和修订等工作。

应急预案管理应当遵循综合协调、分级负责、属地为主、企地衔接、动态管理的原则。

应急预案应当符合有关法律、法规、规章和上级预案的规定，符合工作实际和工程项目实际情况。

二、应急预案体系

（1）应急预案体系包括综合应急预案、工程项目应急预案和现场处置方案。

建设主管部门应当编制本部门综合应急预案；

建设单位应当编制本单位综合应急预案，并按照影响工程周边环境事故类别编制工程项目应急预案；

施工单位应当编制所承担工程项目的综合应急预案，并按工程事故、影响周边环境事故类别编制工程项目应急预案，同时制定事故现场处置方案。

（2）各类应急预案编制内容各有侧重。

综合应急预案是对城市轨道交通建设工程质量安全事故应对工作的总体安排。主要规定工作原则、组织机构、预案体系、事故分级、监测预警、应急处置、应急保障、培训、演练与评估等，是应对城市轨道交通建设工程各类质量安全事故的综合性文件。

工程项目应急预案是指针对某一类型或某几种类型城市轨道交通建设工程质量安全事故而预先制定的工作方案。主要规定应急响应责任人、风险防范和监测、信息报告、预警响应、应急处置、人员疏散组织和路线、可调用或可请求援助的应急资源情况以及实施步骤等，体现自救互救、信息报告和先期处置特点。

现场处置方案是指针对某一特定城市轨道交通建设工程事故现场处置工作而预先制定的方案。主要规定现场应急处置程序、技术措施及实施步骤。侧重于细化企业先期处置，明确

并落实生产现场带班人员、班组长和调度人员直接处置权和指挥权;严格遵守安全规程,科学组织有效施救,确保救援人员安全,并强化救援现场管理。现场处置方案是工程项目应急预案的技术支持性文件。

(3)编制应急预案应当在开展风险评估、应急资源调查和能力评估的基础上进行。

三、预案风险评估

1. 明挖法施工风险

主要从工程及水文地质、围护结构施工、基坑降水、支撑架设及拆除、土方开挖、主体结构施工等进行风险分析。重点分析永久结构、围护结构(围护桩、连续墙等)、边坡、支撑构件(锚索、围檩、钢支撑)、模板支架的稳定性,以及基坑进水、基底隆起的风险。

2. 盾构法施工风险

主要从工程及水文地质、盾构吊装、盾构始发和到达、盾构开仓及换刀、管片拼装、电瓶车运输、联络通道施工等进行风险分析。重点分析进出洞土体的稳定性、开仓过程中土体稳定性及有害气体、盾构进水的风险。

3. 矿山法施工风险

主要从工程及水文地质、竖井开挖、隧道开挖、爆破作业、联络通道施工、初支及二衬结构施工等进行风险分析。重点分析冒顶、片帮、涌水、模板支架坍塌的风险。

4. 高架段施工风险

主要从工程及水文地质、基础施工、墩身施工、架桥机架设作业、桥面铺装作业、预应力张拉等进行风险分析。重点分析模板支架稳定性。

5. 轨行区及机电安装施工风险

主要分析轨行区吊装、铺轨、安装、装修等作业以及机电设备吊装、运输及安装调试作业的操作风险。

6. 其他施工风险

主要分析工程施工过程中(含施工前场地"三通一平"及房屋拆迁、管线拆改迁、临时建筑物搭建、临时电路架设等前期工作)可能造成设备倾覆、起重伤害、机械伤害、触电、脚手架垮塌、物体打击、高空坠落、火灾、车辆伤害、爆炸伤害(锅炉、容器、瓦斯、炸药)等风险。

1)自然环境风险

主要包括:天气灾害风险、地震灾害风险、地质灾害风险以及河湖海洋灾害风险等。

2)周边环境风险

主要包括:工程邻近的建(构)筑物、地下管线、桥梁、隧道、道路、轨道交通设施等风险。

(1)建设主管部门、建设单位、施工单位编制的应急预案应当相互衔接,并与所涉及的其他部门和单位应急预案相衔接。

（2）应急组织机构、应急救援队伍、应急装备物资储备清单、应急集结路线图等应急资源信息应当及时更新，确保信息准确有效。建设主管部门、建设单位、施工单位可根据实际需要建立应急资源管理信息系统，实现应急资源信息的及时更新与管理。

任务二　预案评审及发布

一、预案评审

（1）建设主管部门、建设单位、施工单位应当对各自编制的综合应急预案组织评审。工程项目应急预案和现场处置方案可视情况组织评审。

（2）评审人员应当包括城市轨道交通工程安全生产或应急管理方面的专家，预案涉及的其他部门和单位相关人员。

评审人员与应急预案编制单位不得存在隶属关系。

（3）评审的主要内容包括：

① 应急预案是否符合有关法律、行政法规等，是否与有关应急预案进行了衔接。

② 主体内容是否完备，组织体系是否科学合理；责任分工是否合理明确。

③ 风险评估及防范措施是否具有针对性。

④ 响应级别设计是否合理，应对措施是否具体简明、管用可行。

⑤ 应急保障资源是否完备，应急保障措施是否可行。

评审后应形成书面评审意见。

（4）应急预案发布前，编制单位应当征求预案涉及的其他部门和单位意见。

（5）应急预案应经编制单位主要负责人或分管城市轨道交通工程质量安全的负责人审批。审批方式根据实际情况确定。

（6）应急预案发布后，编制单位应当将预案送达预案涉及的其他部门和单位。

二、预案备案

（1）应急预案编制单位应当在综合应急预案印发后 20 个工作日内，向有关单位备案。

① 建设主管部门综合应急预案报送本级人民政府和上一级行政主管部门备案。

② 建设单位综合应急预案报送建设主管部门备案。

③ 施工单位综合应急预案报送工程所在地建设主管部门和建设单位备案。

（2）应急预案备案时，应当提交以下材料：

① 应急预案文本及电子文档。

② 应急预案评审意见。

任务三　预案演练和培训

一、演练和培训

（1）应急预案编制单位应当建立应急演练制度，根据实际情况采取实战演练、桌面推演等方式，组织开展联动性强、形式多样、节约高效的应急演练。

（2）建设主管部门、建设单位、施工单位应当制定应急预案演练计划，结合实际情况定期组织预案演练。建设主管部门每 3 年至少组织一次综合应急预案演练；建设单位、施工单位应当有针对性地经常组织开展应急演练，每年至少组织一次，视情况可加大演练频次。

（3）建设主管部门、建设单位、施工单位应当对应急预案演练进行评估，并针对演练过程中发现的问题，对应急预案提出修订意见。评估和修订意见应当有书面记录，并及时存档。
鼓励委托第三方进行演练评估。

（4）建设单位、施工单位应当定期开展应急预案和相关知识的培训，至少每年组织一次，并留存培训记录。应急预案培训应覆盖预案所涉及的相关单位和人员。建设主管部门应当监督检查培训开展情况。

二、预案评估和修订

（1）应急预案编制单位应当建立定期评估制度，分析评价预案内容的针对性、实用性和可操作性，实现应急预案的动态优化和科学规范管理。

（2）有下列情况之一的，应急预案编制单位应当修订预案，修订情况应有记录并归档。
① 有关法律、法规、规章、标准、上位预案中的有关规定发生变化的。
② 应急指挥机构、主要负责人及其职责发生调整的。
③ 城市轨道交通工程建设规模发生较大变化的。
④ 城市轨道交通工程质量安全风险发生较大变化的。
⑤ 城市轨道交通工程设计方案、施工工法等发生较大变化的。
⑥ 在事故应对和应急演练中发现重大问题，需要做出调整的。
⑦ 应急预案编制单位认为应当修订的其他情况。

（3）对组织指挥体系与职责、应急处置程序、主要处置措施、分类分级标准等重要内容进行修订的，应当按本办法规定进行评审和备案。

项目八
城市轨道交通建设工程风险管理

任务一　城市轨道建设工程风险管理的特点

一、地铁工程风险的定义

国际隧道协会（ITA）在《隧道风险管理指南》一文中定义风险为所识别的风险源发生的概率和影响后果的综合。Faber M. H. 定义工程风险为给定活动的期望结果。文献[4]将隧道施工风险定义为：在以隧道工程施工和运营为目标的行动过程中，如果某项活动存在足以导致承险体系统发生各类直接或间接损失的可能性，那么就称这项活动存在风险，而这项活动所引发的后果就称为风险事故。

二、地铁工程风险管理的内容

地铁工程风险管理的过程由风险辨识、风险分析、风险应对和风险监控四个部分组成。其中：地铁工程风险因素的辨识是进行地铁工程风险管理的前提和基础；风险分析是系统地识别地铁工程项目风险和合理地进行地铁风险管理两者之间的重要纽带，是决策分析的基础，是风险管理系统中重要一环，具体分析方法有风险矩阵法、等风险图法、故障树分析法、事件树分析法、决策树分析法、综合评分法、影响图、贝叶斯网络、层次分析法、蒙特卡罗、模糊评价法、进度计划评审技术等；风险应对是针对上述风险分析和评价的结果，采用经济合理的方式处理风险，以提高实现项目目标的机会。

三、地铁工程风险管理的意义

地铁工程施工的风险管理是为了促进城市轨道交通工程建设安全风险技术管理工作的系统化、规范化和信息化，最大限度地规避风险，避免人员伤亡和环境损害，降低工程成本和工期损失，为轨道交通工程建设提供安全施工保障。

四、地铁工程风险管理的特点

地铁工程风险管理的目标是：用全面系统的实施手段，在第一时间内了解掌握工程进展的第一手资料、作业状况，提高事故发生的预测和防控能力，避免重大事故的发生，使安全风险降到最低。地铁工程风险管理有如下特点。

1. 地铁工程风险分析的内容复杂

风险不以人类的意志为转移，并超越人们的主观意识而客观存在。在工程项目的全寿命周期内，风险是无处不在、随时都可能发生的。地铁工程处于复杂的地层地质体中，其具有的隐蔽性、复杂性和不确定性使风险分析的一些方法难以准确运用并确切表达。在进行项目风险分析时，既要考虑其精确性，又要考虑到成本因素，如果为取得准确的风险分析结果而花费太大，甚至超过事故发生时所造成的损失，就得不偿失了。

2. 地铁工程风险管理需要重视风险的征兆

地铁工程风险分析时必须明确出现风险的征兆，并且对危险的基本因素实行监察，随时避免危险发生。在风险管理中，可以找出出现危险的基本因素，对危险因素应采用有效而直接的手段进行督察，一旦出现危险征兆，立即采取相应的补救措施，可以有效地制止危险的出现。因此，要重视对危险因素的分析和处理，在处理过程中应当重视监察的作用。

3. 地铁工程风险分析方法的多样性

目前，在地铁工程行业以外已经得到大量研究和应用风险分析和评价的方法，地下工程的合同、规划设计、施工及运营的不同阶段应该采用不同的风险分析评价方法。在合同、可行性研究阶段，由于可获得的工程信息量较少，可采用定性的分析方法，对其工期、费用做出预测，并为方案决策提供基础；而在其结构的详细设计、施工和运营阶段，随着设计目标和各种地层条件、周围环境条件等参数的明确，借鉴已有的工程经验，可选用定量的风险评估方法。

4. 地铁工程风险管理的动态性

从地铁工程的特点来看，工程的进展，即从工程立项、勘测、设计、施工直至运营，往往客观环境处于变化中。也就是说，从管理的角度分析是处于动态过程中，因此风险分析也要从动态管理的理念来进行。对于工程进展的不同阶段，直至工程施工中的各个阶段，以当时相对稳定的因素来进行风险分析，并将分析的结果作为工程安全性的评价，将会是有用的成果。

5. 要求相关人员具有较高素质

地铁工程要求从事地铁工程风险管理的人员必须具备很高的素质，具有丰富的经验，经受过严格的专业训练，否则将很难理解工程风险的性质及特点，更难通过合理的风险分析采取适当的风险防范措施。风险分析人员只有掌握了先进、科学、系统的工程风险分析方法，才能降低施工风险，确保工程进度和质量。

五、城市轨道建设项目风险管理的必要性

在地铁项目建设过程中，会面临各种风险因素，这些风险因素影响了地铁建设的顺利进行。一旦出现事故必将引起巨大损失，影响地铁建设的进程，以及建设企业的经济效益。如今全国各地地铁工程事故时有发生，例如 2017 年深圳地铁 7 号线某盾构机施工区间，由于局

部沉降，上部供水管断裂，泥水涌入盾构机舱致使其发生坍塌事故，造成 1 人死亡 4 人受伤。因此地铁建设工程的风险管理已引起社会的足够重视。

同一般项目相比，地铁工程具有隐蔽性大、作业循环性强、作业空间有限，周边环境复杂，各种建构筑物、地下管线多，且对施工变形控制要求高，工程地质与水文地质复杂，不确定因素多，结构形势较多，施工方法交叉变换多，施工难度大，施工工期压力较大等特点。这些特点都集中表现为工程的高风险性。为了安全和保质、保量按期完成建设任务，必须对工程的风险与安全实施系统管理，最大限度地规避风险，避免人员伤亡和环境损害，降低工程成本和工期损失，为轨道交通工程建设提供安全施工保障。

地铁工程施工的特殊性，决定了其施工安全风险管理具有以下特点：
（1）施工作业恶劣性。
（2）施工环境局限性。
（3）施工高空性、地下空间的隐蔽性。
（4）施工安全管理难度大。
（5）个人劳动保护艰巨性。
（6）安全技术、安全管理措施的保证性。
（7）多工种立体交叉性。
（8）拆除工程的不安全性。
（9）装修材料多毒性。

地铁工程的以上特点决定了城市轨道建设工程项目安全事故的发生概率大，伤亡人数多。施工生产的安全风险主要存在于高空作业、地下作业、立体交叉作业、垂直运输、电气机具、个人劳动保护等方面。因此，工程项目风险管理必须与合同管理、成本管理、工期管理、质量管理等融为一体，实现全员、全方位、全过程、全天候的"四全"的风险管理。

任务二　世界城市轨道建设工程风险管理发展现状分析

一、世界城市轨道运营风险管理现状

国际上城市轨道交通安全研究通过多年来对城市轨道交通事故实际案例的积累、分析与归纳，形成比较成熟的理论体系与方法。其中：美国自 20 世纪 50 年代起，将安全评价标准从高危行业引入轨道交通，建立了轨道交通的安全预评价、安全验收评价、安全现状评价及专项评价 4 类评价标准；英国则把铁路安全评价系统引入轨道交通，把所有的风险分为 3 个等级进行区别对待。我国香港的城市轨道交通也有自己的安全评价制度，从各类安全事故发生的时间、路段、原因等方面系统、细致地进行了总结和归纳，从而形成了一套完整的安全预防、检查、处理机制，做到防患于未然，一旦发生事故，都能以最快、最稳妥的方式保护乘客的安全，最大限度地减少人员伤亡。

二、相关国家的先进做法

1. 英国安全风险管理

英国城市轨道交通运营风险管理要素主要包含管理制度、安全目标及实施计划、安全控制程序、设施设备运行要求、更新改造评估、人员要求、安全信息管理、应急管理、事故调查、风险评估、安全审计等内容。

铁路监督机构对运营公司提交的安全认证申请材料进行审核，进行安全评估工作，并编制完成报告报送条例办公室；条例办公室在接到报告后，组织专家进行审核，并做出是否颁发安全认证证书的决定（证书有效期一般为5年）。

2. 美国安全风险管理

美国城市轨道交通运营风险管理方案（安全管理方案）主要包含安全管理政策、安全管理目标主体、安全管理机构、《安全计划》执行情况、人员安全职责、危险源管理、安全管理系统更新、安全认证、安全数据采集及分析、事故公布与调查、应急管理、内部安全审计、安全合规性审核、设施设备安全隐患排查、维修管理、人员培训及认证、组织管理、管理人员安全审核、危险物品安全管理、药物和酒精检测、采购等。

联邦公共交通管理局编制安全计划，提出监管方向、要求及内容；州级公共交通管理局按照安全计划的要求，编制《城市轨道交通安全监管方案》，并提交审核通过后，颁布并督促运营企业实施；运营企业根据《城市轨道交通安全监管方案》的要求，编制实施计划，并报州级审核批准、联邦公共交通管理局备案后实施。

3. 日本安全风险管理

《鉄道事業法》（日本铁路法）是日本城市轨道交通领域中最重要的法规制度，内容明确规定了城市轨道交通应建立安全监督检查制度，并由交通运输主管部门负责执行和实施。行业管理部门对于城市轨道交通的主要管理手段是开展运营安全评估，检测检验设施设备运营安全状态是否达到安全运营要求。

日本国土交通省为轨道交通运营主管部门，负责日常安全监督管理工作。地方交通运输局下设运营安全委员会处理重大安全事项；地方交通运输管理局还设立了专门的铁道安全监管员，专门负责铁道日常安全检查及程序。

在每年2月份之前，地方运输局向国土交通省递交安全检查计划目标企业；在评估前1~3个月，组建评估小组，形成评估日程，确定评估方针和内容等，并下发评估检查通知书；实施评估检查工作，并根据评估情况形成评估报告，反馈相关部门。

通过对相关国家先进做法的研究，可总结如下：

一是，制度的强制性。通过法规层面严格规定城市轨道交通运营安全评估工作的强制性。

二是，机制的长效性。相关法规中明确规定了进行安全评估、认证、审计等的时间期限。

三是，管理的先进性。多数国家城市轨道交通主要采用主动式的安全风险管理模式。

四是，评估的重要性。将安全评估作为安全检查或者是安全审计或者是安全认证的重要技术手段。

三、国内外地铁工程风险管理的现状

我国风险管理的系统研究起步较晚,1987 年《风险分析与决策》一书的出版,标志着我国风险研究的开始,同时风险管理技术也被应用到国内一些大型土木工程项目中。上海的地铁建设在项目实施过程中也成功地运用了项目风险管理,为我国项目风险管理的开展提供了宝贵的经验。在风险管理的发展和应用上,企业大都把在工程项目的风险管理放在项目投资、项目进度和质量目标等方面。在地下工程及轨道交通应用方面,从风险因素识别、风险分析和评估、风险响应方面分析了一般大型工程项目风险管理的现状。

据中国轨道交通网统计,截至 2018 年 12 月 31 日,中国已经开通城市轨道交通的城市达到了 43 座,其中开通地铁运营的城市有 29 座,总里程已经超过 4 000 km,涉及线路 134 条、车站 2 672 座。

目前,国内地铁建设正处于高潮,建设规模较大的几个城市均不同程度地开展了安全风险管理体系和信息管理的相关研究和实践工作。

广州地铁在 2006—2007 年进行了安全风险管理体系的诊断评价、施工前期安全风险的中间评估,建立了地铁监测信息平台,但缺乏对监测数据的深入分析,不具有安全风险管理的功能。

在上海地铁建设中,开展了较完善的监控量测研究和实践工作,利用数据反馈和三级管理机制建立了独特的地铁建设安全管理体系;采用"上海城市轨道交通建设远程监控系统",具有数据分析、预警等功能,但功能较简单,缺少地理信息系统和基础数据库的支持、工程周边环境实况显示和安全风险评估的功能。

近年来,北京地铁在不断总结建设经验的基础上,已经建立和实施了"北京地铁建设工程环境安全风险技术管理体系",编制完成了《北京地铁工程监控量测技术规程》和《北京地铁工程监控量测设计指南》,开展了"地铁工程施工对邻近建筑物、管线和桥梁的影响控制""浅埋暗挖法穿越既有地铁构筑物关键技术"等重大课题的研究。在这些工作的基础上,北京市轨道交通建设管理公司正立项开展"北京市轨道交通工程建设安全风险技术管理体系及信息化平台"课题的研究,建立了"北京市轨道交通工程建设安全风险技术管理体系",对正在实施的安全风险管理体系进行扩充和完善,明确了各阶段安全风险管理的目标、内容、方法和程序流程等,以及风险管理的组织机构与责任体系、施工过程监控量测模式、风险事务处理等。

现阶段,我国不少城市正在开展以下多项地铁工程风险管理工作。

(1)考虑并区别不同的风险种类和施工方法,使用科学的方法为风险工程定级,为风险分析提供基础。目前,国内已经有了风险定级体系,但不是很完善,因此要在其基础上结合北京工程特点,扩展形成不同对象的更全面综合及实用性更强的风险定级标准规定。

(2)建立地铁工程基础资料库,具体包括地质资料、既有线资料、管线资料、桥梁资料、水体资料和道路(铁路)资料等,便于更好地进行项目风险分析,为地铁工程的风险管理逐渐走向规范化、信息化和科学化打好基础。

(3)加大监控力度,在风险因素全面识别基础上进行全面监控,包括环境、地质及支护结构等,采用专业化的监控队伍,确保监测数据的有效性、真实性及可靠性。对掌子面的监控形成严格的标准化模式。

(4)由于地铁风险分析是动态化的过程,为确保监测数据和有关风险信息得到及时反馈、资源共享,并满足可追溯性,需要建立安全风险管理信息化平台。通过信息化平台,可顺畅、快捷和有效地进行安全风险分析、控制和决策管理。

四、我国城市轨道工程风险问题分析

风险之一:建设速度快,隐患遗留问题多(设施设备可靠性)。

风险之二:新开通城市多,经验人员储备不足、管理基础薄弱。见图8-1。

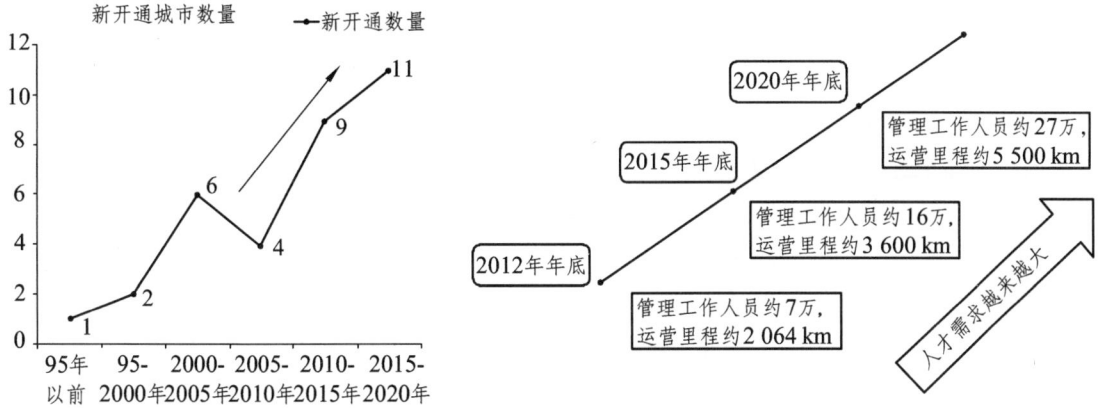

图 8-1 国内城市轨道运营基础分析

风险之三:网络化运营时代悄然到来,安全形势更加复杂。

(1)线路交叉多,存在复杂的相互影响。

(2)设施设备存在接口风险。

(3)客流走向不确定性提高有效控制能力降低。

风险之四:承担主交通走廊作用,客流多,运量大,风险高。

表8-1为国内重点城市轨道运营年度客流分析。

表 8-1 国内重点城市轨道运营年度客流分析

城 市	年客运量/亿人次	日均客运量/万人次	占公共交通比例/%
北 京	33.8	953	42.8
上 海	28.3	784	44.3
广 州	22.2	610	4.3

风险之五:社会公共安全形势严峻,极易受到暴恐事件影响,城市轨道交通由于客流量大、运营环境封闭等客观条件,加之具有相当高的社会关注度,因此极易成为恐怖袭击的对象。

五、展 望

科学化的风险管理模式是地铁工程项目实现其工程目标的重要保障。通过对国内地铁施工事故案例和地铁工程风险管理的研究,探讨风险管理在城市地铁工程中的应用过程,实现科学化的风险管理，对提高我国地铁工程建设管理水平和投资效益均具有特别重要的意义。

1. 完善相关法律法规，明确相关风险责任

伴随我国地铁施工建设的规模和复杂程度不断扩大，设计单位、监理、施工单位和专业化监测单位承担的责任日益加重，产生的纠纷也逐渐增多。各单位或个人对于自身出现的过失，造成重大经济损失或人员伤亡的，应当承担相应的法律责任，并向业主或第三者做出赔偿。

在我国，风险责任的法律基础源于《民法通则》确立的损害赔偿原则。但是，我国目前亟须完善配套的城市轨道工程风险管理相关实施细则，建设工程施工、设计、监理单位和个人的过失责任清晰认定，建设工程中损失责任的归属明确。因此，要明确建设工程施工中的设计、监理和施工各方的责任，必须以合理制定过失责任认定标准为前提，提供更为坚实的法律依据。在制定设计、监理、施工过失责任认定标准时，应当遵循在同一专业群体中"中等偏上"的原则，并针对不同的专业技术职务，确立不同的责任认定标准。我国应完善相关法律法规及实施细则，进一步明确施工方、设计方以及监理方的风险责任承担。

2. 加强风险管理人员培训，提高风险管理能力

在已发生的地铁施工事故中，部分原因是：施工人员的思想麻痹和操作不当，或没有经验，虽然发现事故前兆但并未引起足够的重视；设计人员设计失误，或是在施工过程中擅自改变设计方案；监理人员未严格按照时间和标准进行监测而导致地铁施工事故的发生，而这些事故是能够避免的。为了避免相关地铁施工事故，应该加强风险管理人员（包括设计人员、施工人员、监理人员）的培训，提高他们的风险预测和应对风险的能力。比如，定期开办培训班，学习专业经验。聘用具有丰富的经验、受过严格专业训练的技术人员，定期举办培训班，提高地铁工程各环节相关人员的业务水平和素质，邀请相关领域的专家讲授最新的理论研究结果，更好地指导工作人员的实践；还有，要提高思想认识，严格按计划施工。在施工过程中不断对工作人员进行思想认识教育，形成严谨的工作作风，严格按施工计划施工，排除一切人为的风险因素。

3. 与保险业相结合，转移工程风险

针对地铁施工中可能发生的危险，应采取适宜的风险应对措施，最大限度地降低风险。应对措施主要包括风险规避（切断风险源头，遏制风险事件发生，使风险不致发生发展）、风险转移（将损失或与损失有关的财务后果转嫁给另外的单位或个人去承担）和风险化解（采取有效手段和措施，遏制已发生的工程风险的发展和态势，消除风险因素和减轻风险）。

工程保险是值得大力推广的一种风险转移方法，它利用有限的保险费的支出（保险成本一般占项目总成本的比例不超过0.8%），为整个项目的投资资金提供了安全保障。工程保险可避免业主、承包商由于巨大风险事故损失所导致的财务上的困难，有利于及时恢复建设；同时，保险能把项目不确定的风险损失转化为较为确定的保险费支出，有利于项目的财务核算。所以，保险虽然仅仅是整个风险管理过程中财务管理的手段之一，不可能转移风险的责任，但却因其明显的优越性，成为工程项目风险管理中最为重要和不可或缺的风险防范措施。

为充分发挥工程保险对大型工程项目的保障作用，我国应进一步推行建设工程保险，加强其制度化、规范化建设。工程保险应着重从3个方面入手：一是将工程保险作为一项制度纳入工程建设的基本程序；二是在工程预算中应确定保险费用的开支；三是工程保险的管理

要建立健全工作制度,包括保险代理、投保、索赔、监督制度等。

任务三 城市轨道交通工程风险管理的内涵

一、风险管理安全理论基础

城市轨道交通风险管理发展过程与安全理论的演变过程密不可分。
历经过程:事故—隐患—风险—系统
总体趋势:被动——主动
发展方向:定性——定量
(1)事故理论安全原理如图 8-2 所示。
事故理论支持的安全管理:
◇管理对象:事故。
◇特点:经验型。
◇缺点:事后整改,成本高,总处于被动接受状态,不能实现事故的超前控制。

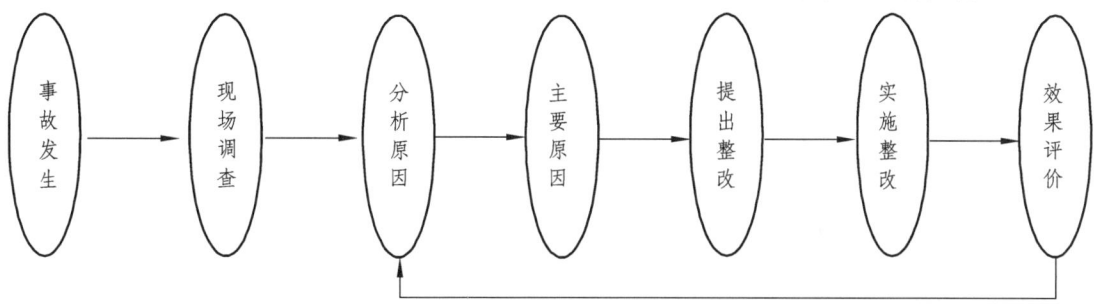

图 8-2 事故理论安全原理示意

(2)隐患理论安全原理如图 8-3 所示。
隐患理论支持的安全管理:
◇管理对象:隐患。
◇特点:超前治理,标本兼治。
◇缺点:存在型,缺乏定量,系统科学有限,往往抓不住重点,控制效果难有保障。

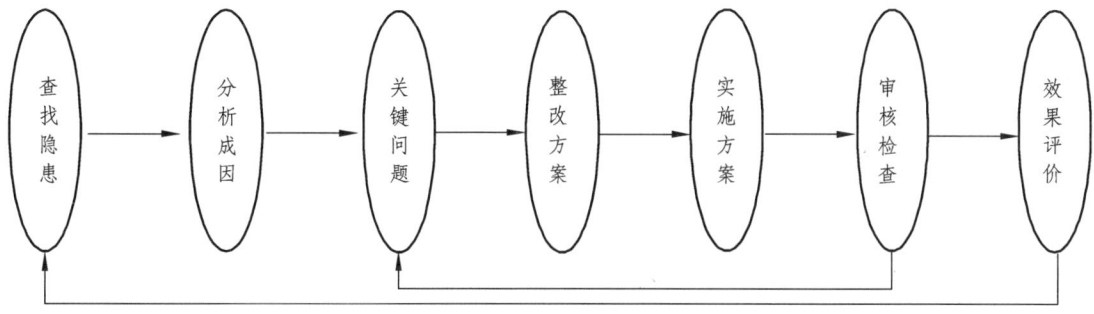

图 8-3 隐患理论安全原理示意

（3）风险理论安全原理如图 8-4 所示。

风险理论支持的安全管理：

◇管理对象：风险。

◇特点：超前预防，辨识系统，分级管理，预警预控。

◇缺点：定量分析难度大，实施要求标准高。

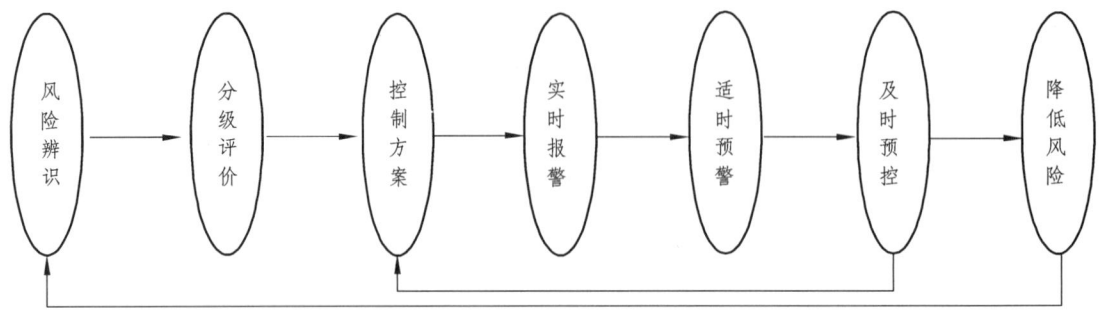

图 8-4　风险理论安全原理示意

（4）系统理论安全原理如图 8-5 所示。

系统原理支持的安全管理：

◇管理对象：安全目标（装备、环境、文化……）。

◇特点：基础性、预防性、系统性、科学性的综合策略。

◇缺点：成本高，技术性强。

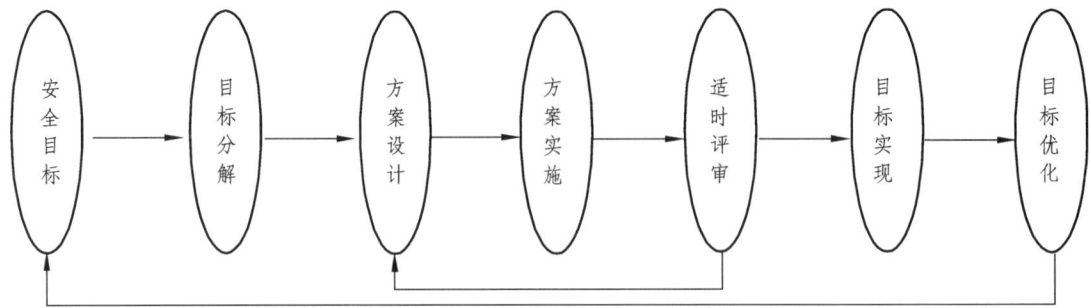

图 8-5　系统理论安全原理示意

二、风险管理内涵与内容

1. 风险识别

风险识别是指在城市轨道系统风险事故发生之前，人们运用各种方法系统地、连续地认识所面临的各种风险以及分析风险事故发生的潜在原因。

风险识别过程包含感知风险和分析风险两个环节。

感知风险：了解城市轨道系统客观存在的各种风险，是风险识别的基础。只有通过感知风险，才能进一步在此基础上进行分析，寻找导致城市轨道系统风险事故发生的条件因素，为拟定风险处理方案，进行风险管理决策服务。

分析风险：分析城市轨道系统引起风险事故的各种因素，它是风险识别的关键。

（1）用感知、判断或归类的方式对现实的和潜在的风险性质进行鉴别的过程。

（2）存在于城市轨道系统的风险是多样的，既有当前的也有潜在于未来的，既有内部的也有外部的，既有静态的也有动态的等。风险识别的任务就是要从错综复杂环境中找出城市轨道系统主体所面临的主要风险。

（3）风险识别一方面可以通过感性认识和历史经验来判断，另一方面也可通过对城市轨道系统各种客观的资料和风险事故的记录来分析、归纳和整理，以及必要的专家访问，从而找出各种明显和潜在的风险及其损失规律。因为风险具有可变性，因而风险识别是一项持续性和系统性的工作，要求风险管理者密切注意原有风险的变化，并随时发现新的风险。

风险识别主要是对城市轨道交通运营事故和风险事件进行统计分析，明确对象。侧重从发生次数和影响程度两个方面进行选取，重点分析。

2016—2018年3年来的城市轨道交通运营事故数量及伤亡统计如图8-6所示。

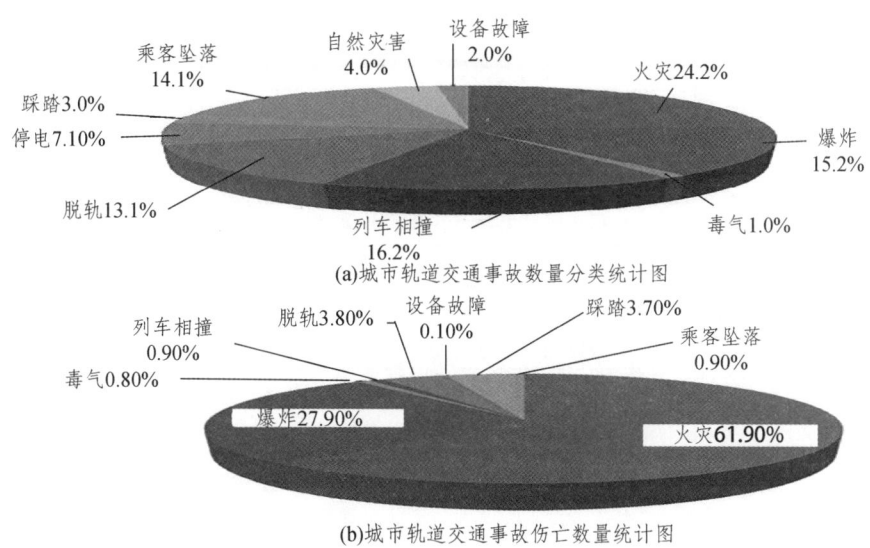

图8-6 城市轨道交通运营事故数量及伤亡统计

2. 风险分析

风险通常是指由于当事者主观上不能控制的一些因素的影响，使得实际结果与当事者的事先估计有较大的背离而带来的经济损失。这些背离产生的原因，可能是当事者对有关因素和未来情况缺乏足够情报而无法做出精确估计，也可能是由于考虑的因素不够全面而造成预期效果与实际效果之间存在差异。

城市轨道系统风险分析，有助于确定有关因素的变化对决策的影响程度，有助于确定投资方案或安全运营方案对某一特定因素变动的敏感性。若一种因素在一定范围内发生变化，但对决策没有引起很大影响，则所采取的决策对这种因素是不敏感的；若一个因素的大小稍有变化就会引起城轨企业决策的较大变动，则决策对这一因素便是高度敏感的。了解城市轨道系统在给定条件下的风险对这些因素的敏感程度，有助于正确地做出决策。

城市轨道系统风险分析是找出行动方案的不确定性（主观上无法控制）因素，分析其环境状况和对方案的敏感程度；估计有关数据，包括行动方案的费用，在不同情况下得到的收益以及不确定性因素各种机遇的概率，计算各种运营风险情况下的经济效果；作出正确判断，等等。

城市轨道系统风险分析主要包含两个方面。一是，侧重从直接和间接两个角度，人、机、环、管四个方面分析事故或事件的产生原因。二是，从人员、经济、环境三个方面进行事故或事件造成后果的分析和估量。

城市轨道火灾风险致因分析，见表8-2。

表8-2 城市轨道火灾风险致因分析

风险事件	风险因素			风险致因分析	风险损害		
					人员	财产	环境
火灾风险事件	直接原因	人员因素	工作人员	误操作导致短路			
				未严格执行地下动火规定			
				未严格执行安装验收标准			
			其他人员	乘客故意纵火			
				乘客携带违规物品进站，造成火灾			
		设施、设备因素	变压器	电力变压器内部绝缘衬垫和支架未采用阻燃材料			
				用电设备过负荷、故障短路、过外力因素，造成瓷瓶损坏			
			电缆	电缆沟混入了油泥、木板等易燃物品			
				过负荷运行、接触不良加速电缆绝缘损坏，引发火灾			
			牵引网	电流散发的热量以及产生的电火花和电弧			
			配电系统	配电装置容量较大，存在短路、接地的危险因素			
			车辆设备	车内线路短路，引发火灾			
				列车脱轨、相撞等恶性事故，导致火灾			
			其他设备系统	通风、空调、排烟系统使用大量电气设备和电线电缆			
				通信、信号系统的电缆部分在线路短路、故障等情况下，引发电气火灾			
			车站等站场	车站内设商业服务项目或与商场营业厅、商业街相连通，存在较多的可燃物质			
				车站内的建筑物装修材料未选用阻燃材料			
		环境因素		高温、干燥的天气			
	间接原因	管理因素		防火制度不完善			
				人员培训不到位，导致误操作或违规操作引起火灾			

3. 风险评价

风险评价，又称安全评价，是指在城市轨道企业风险识别和估计的基础上，综合考虑风险发生的概率、损失幅度以及其他因素，得出系统发生风险的可能性及其程度，并与公认的安全标准进行比较，确定城市轨道企业的风险等级，由此决定是否需要采取控制措施，以及控制到什么程度。风险识别和估计是风险评价的基础。只有在充分揭示城市轨道企业所面临的各种风险和风险因素的前提下，才可能做出较为精确的评价。

城市轨道系统风险评价可以根据不同的要求进行分类，常用的有以下几种分类：

（1）按评价的阶段分为事前评价、中间评价、事后评价。

（2）按评价的角度分为技术评价、经济评价、社会评价。

（3）按评价的方法分为定性评价、定量评价、综合评价。

（4）按城市轨道企业风险管理的内容分为企业设计风险评价、风险管理有效性评价、运营设备的安全可靠性评价、运营行为的风险评价、运营作业环境和环境质量的评价，等等。

进行风险评价时还应注意以下几个问题：

（1）风险评价应该对风险因素全面考虑，主要包括以下基本要素：人、机械设备、物、法规、环境。

（2）所选择的风险因素需要能用数值表示其危险大小，并要建立各因素之间关系的数学模型。

（3）评价结果必须综合考虑所有因素，用单一值表示风险的大小。

4. 风险控制

风险控制主要是通过控制手段和途径实现降低风险事件的发生概率和损害程度的目的。

风险控制是涵盖建立控制机制、编制控制方案、实施控制方案、评估控制效果完善控制方案等内容的闭环过程。流程管理风险控制如图 8-7 所示。

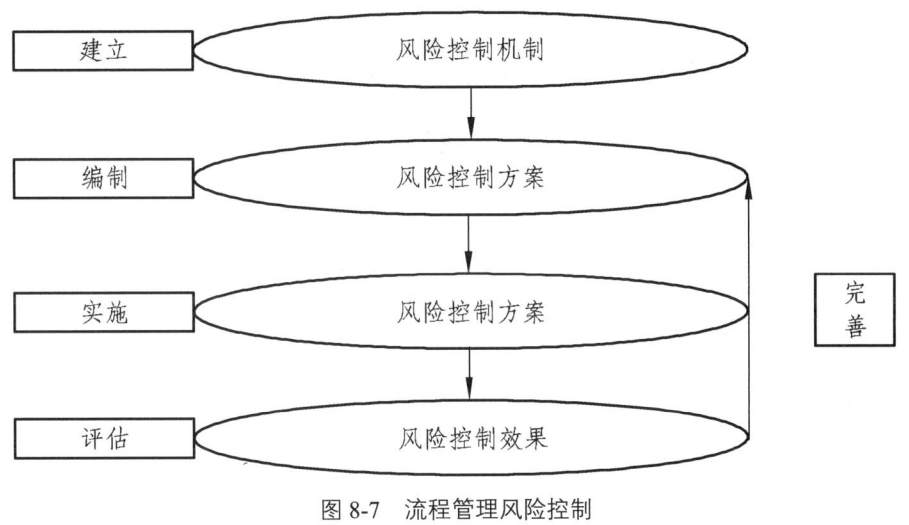

图 8-7 流程管理风险控制

任务四　施工安全风险防控技术和手段

一、施工安全风险全过程控制手段

实行安全风险管理，基础是要加强对施工工程安全风险的研判。要突出风险辨识、风险分析、风险评价，加强对高风险环节和岗位的掌控，及时发现并准确研判安全风险，实施对安全风险的科学管控和有效处理，强化过程控制，防止建设施工事故的发生。

（1）全面掌控施工过程中的安全风险。要在原有的安全监督管理信息系统基础上健全综合分析平台，完善涵盖风险管理基本流程和内部控制系统各环节的风险管理信息系统。要确保工程信息数据和风险量化值的一致性、准确性、及时性、可用性和完整性，确保各层级能够及时全面掌握生产过程中本系统、本部门的风险控制点。针对不同风险，按照设备质量标准和职工作业标准，分系统、分层次制定控制风险和消除风险的措施，并按照"逐级负责、专业负责、分工负责、岗位负责"的要求，把风险责任和风险措施落到各层级、各专业、各工种、各岗位，实现对运营现场作业的有效控制。

（2）加强工程体系"全员、全方位、全过程、全时段"的安全风险管理。城市轨道建设工程，具有设备众多、布局纵横、职工岗位独立分散等特点，为了实现各工种、各环节的协同动作，必须做到严格有效的过程控制。全面推行安全风险管理，涉及安全管理的上上下下、方方面面，只有将安全风险管理责任落实到每一个人、每一个岗位、每一台设备、每一个施工环节，才能实现安全管理的全过程控制。

（3）把安全标准化建设作为实现安全风险全过程控制的重要手段。各施工企业要广泛开展安全质量达标建设，实行安全质量标准化管理，按标准指挥建设，按标准施工作业，减少或避免不安全的行为。

（4）加强重点安全风险的过程控制。按照城市轨道交通企业的安全风险控制重点，结合实际，研究制定本单位、本职能部门安全风险的判断标准或判断机制；确定风险控制重点，制定风险管理策略和跨职能部门的重大风险管理解决方案，并抓好安全风险的日常监控。

二、风险预控技术手段

针对施工现场不同类型的风险，通过采取科学的预控措施和手段以有效地降低安全风险。目前，针对建设过程中风险预控技术手段主要为监测预警技术。通过对被监测对象的实时监控，当有可能发生或即将可能危险事故时，及时进行预警，并联动风险控制措施，实现风险控制关口前移，降低减小事故损失的目的。

三、风险管理体系

城市轨道交通运营安全风险管理体系主要是基于经典风险理论，即"人、机、环、管"基础上不断发展形成的，体系建设随着运营实际情况不断变化（如网络化运营），但内容仍主要涵盖人员、设施、设备、环境及管理等方面。

经典风险管理体系和内容见表8-3。

表8-3 经典风险管理体系和内容

人员风险	运营管理风险	设施设备风险	环境风险	网络化运营风险
制度执行情况	运营组织	车辆系统	运营环境	不同线路在换乘站运能匹配
	运营安全	通信系统	自然环境	
	维护管理	信号系统		公用变电站可靠性及影响范围
实际操作能力	安全现状	供电系统	社会环境	系统设备接口
		消防给排水系统		

安全风险管理系统应能实现对不同种类的风险进行，建立风险数据库，并能实现对相似风险因素的自动归类，对风险因等级的自动计算等功能。如图 8-8 所示。

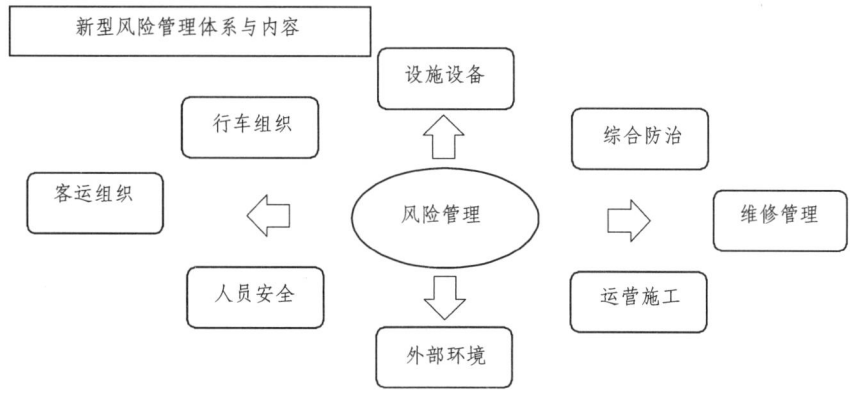

图 8-8　新型风险管理体系和内容

任务五　城市轨道建设工程风险评估与防控

一、安全评估现状

（一）评估依据

目前，我国城市轨道交通运营安全评估依据主要有两方面：
（1）标准类评估依据。
（2）相关评估材料（方案、指南等）。

（二）评估现状

1. 标准依据

标准类主要包括国家级、地方级及企业级三个层面。其中：
（1）国家层面，主要是 2007 年由原建设部颁布实施的《地铁运营安全评价标准》（GB/T 50438—2007）。
（2）地方层面，如上海市交通运输和港口管理局主导的《城市轨道交通运营安全评价规范》等。
（3）企业层面，地方运营企业根据自身特点编制的安评标准。
我国城市轨道交通运营安全评估标准如图 8-9 所示。

2. 评估材料

评估材料类依据主要是基于对相关标准内容（指标等）的借鉴，以日常运营生产工作内容为基础，结合运营企业自身发展的实际特点，形成的评估方案或评估指南。

此外，通过委托第三方开展运营安全评估工作的，主要是以评估单位既有方案为基础，融合被评估方的需求和实际特点，而形成的评估方案或评估指南。

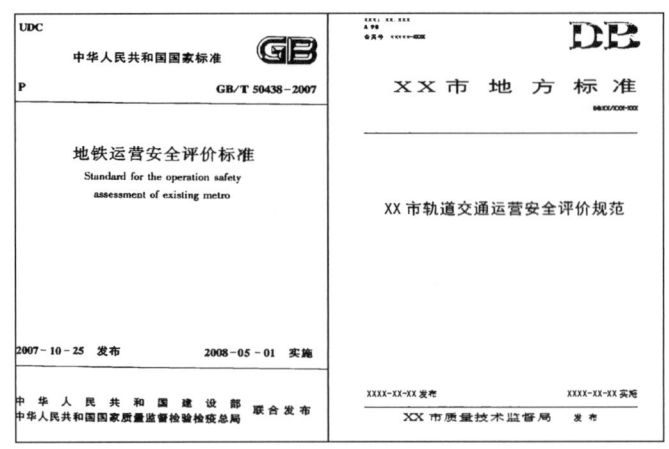

图 8-9　我国城市轨道交通运营安全评估标准

3. 评估形式

目前，我国城市轨道交通运营安全评估技术主要有 3 种类型：

（1）主管部门组织第三方开展安全评估。

（2）运营企业组织第三方开展安全评估。

（3）运营企业内部开展安全评估。

行业主管部门主要是通过公开招投标及委托等形式，选取符合条件的，且具有一定评估经验、评估能力的评估单位，进行安全评估工作。

运营企业按照运营实际需求的基础上，委托特定的且符合自身要求的评估单位开展安全评估。此外，有时也采用招标方式选取评估单位。

运营企业按照企业内部计划或者是根据主管部门等的要求，完全依靠内部力量，定期或不定期开展安全评估，了解相关评估单位特点。

二、安全评估内容

目前，我国开展的城市轨道交通运营安全评估主要包含 5 部分内容：

1. 评估范围

安全评估范围主要是地铁制式，对于轻轨、单轨及有轨电车等其他城市轨道交通制式的评估相对较少。

2. 评估对象

安全评估对象包含单线和网络化两部分。其中，单线安全评估相对较多，针对网络化安全评估相对较少。

3. 评估指标

安全评估指标主要是根据不同评估依据而确定。有些为以既有标准或方案的指标为基础，结合实际情况设定指标。

4. 评估方法

安全评估方法主要为定性和定量。其中，定量方法主要是依靠评估专家或评估人员的经验进行判定

5. 评判标准

安全评估评判标准是用来规定安全评估结果等级的要求，是客观反映安全（风险）状态的依据，应系统性划分不同级别的安全风险情况。但是，根据实际情况，目前我国部分城市开展的安全评估工作未考虑此项环节或较为薄弱。因此，评估结果多为发现问题，而无法客观衡量风险状态，指导风险控制工作。

通过对我国城市轨道交通运营安全评估情况分析，可总结如下：一是评估依据的不同性。不同的评估依据，影响评估标准的同一性。二是评估形式的多样性。多样的评估形式，影响评估工作的规范性。三是评估内容的差别性。差别的评估内容，影响评估结果的客观性。这些都会影响评估工作的效率和效果，不能有效支撑行业的规范发展。

三、安全评估需求

1. 行业主管部门需求

目前，我国城市轨道交通行业主管部门（运营）需求主要包含三方面：政策法规需求；技术依据需求；管理手段需求。

其中，法规政策需求：

1）国家层面法规政策需求

2012 年，国务院出台的《关于城市优先发展公共交通的指导意见》（国发〔2012〕64 号），强化风险评估与防控，完善轨道交通工程验收和试运营审核及第三方安全评估制度。

2012 年 10 月 30 日，交通运输部相关领导在全国城市公共交通工作会议上的讲话，要加强城市轨道交通运营安全管理，定期组织开展安全评价和安全认定工作。

2011 年，《关于加强城市轨道交通运营管理的通知》（交运发〔2011〕236 号），城市交通运输主管部门要定期组织专业机构开展城市轨道交通运营安全评价。

2014 年，《城市轨道交通运营管理规范》（GB/T 30012—2013），运营单位应定期开展安全评价工作，涉及运营安全关键因素，应分类分级进行评价。

《交通运输部关于加强城市轨道交通运营安全管理的意见》（交运发〔2014〕201 号），城市交通运输主管部门要按规定组织开展运营安全评估，及时查找安全隐患。

国务院《城市公共交通条例》，拟定中的《城市公共交通条例》对城市公共交通规划编制、设施建设、安全监管、资金投入等关键制度均做出了明确规定。

国务院办公厅《关于印发国家城市轨道交通运营突发事件应急预案的通知》（【发文字号】国办函〔2015〕32 号，【颁布时间】2015-04-30）。

住房和城乡建设部关于印发《城市轨道交通建设工程质量安全事故应急预案管理办法的通知》（【颁布时间】2014-03-12）。

国家层面的政策法规需求如图 8-10 所示。

图 8-10　国家层面的政策法规需求

2）地方层面法规政策需求

截至 2017 年 12 月，我国已有 28 个城市出台了近 15 部条例和 28 部安全管理办法，并有 15 个城市的 8 部条例和 16 部管理办法中明确要求开展运营安全评价工作。

一是，了解存在安全问题和真实风险状态的手段。

二是，实现共享、借鉴其他城市经验的重要途径。

三是，表现企业安全运营状态的主要依据之一。

2. 运营企业需求

目前，我国城市轨道交通运营企业需求主要包含三方面：

一是，了解存在安全问题和真实风险状态的手段。通过开展城市轨道交通运营安全评估工作，运用隐患排查或风险辨识的手段，发现运营企业在日常管理、人员环境及设施设备运行等方面存在的问题，并结合评估方法和评判标准，得出评估结果，明确不同系统和总体的风险等级，查找安全"短板"，判断风险是否为可接受范围内。

二是，实现共享、借鉴其他城市经验的重要途径。通过城市轨道交通安全评估工作的不断发展，必将形成以第三方为载体的，积累了不同城市、不同线路、不同制式等的行业风险数据库。因此，可以通过委托第三方开展安全评估的机会，以其为媒介，实现风险库资源共享，达到其他城市已经遇到的风险进行提前防控的目的，防止事故发生。

三是，表现企业安全运营状态的主要依据之一。城市轨道交通属于社会高度关注的交通方式，一旦发生问题（可能没有导致事故），都会引起社会的相当关注，因此，运营企业承受着较大的压力。

运营企业通过开展安全评估工作，可以通过第三方的力量，真实地向主管部门和公众反映出其在日常做出的努力工作，客观地反映安全状态，并是一种寻求支持的有效途径。

3. 评估市场需求

传统型"望、闻、问、切"手段，以及既有风险管理模式，已不能完全满足安全发展的需要。尤其是对于动态因素（如，设施设备运行、客流变化等），无法有效实施风险管理。因此，我国城市轨道交通运营安全评估市场需求，主要为评估技术软件及装备。

四、安全评价标准制定

1. 目标要求

在充分借鉴国外先进经验的基础上，结合我国城市轨道交通多系统制式、单线兼顾网络化等运营特点，秉承"设计缺陷判断+风险状态评价+功能需求评估"的全过程安全管理的思想，形成《城市轨道交通运营安全风险评价》标准。实现以有效发现安全问题为目的，以客观评价运营安全风险为目标，实现不同城市之间的经验互通和共享，为开展安全风险评价工作提供科学依据。

2. 标准要求

标准依据全面

——不但有安全评价标准，还应用通用性标准，以及安全法案、危险分析指南及安全计划等。

标准要求详细

——如，EN50128中，不但对铁路通信信号系统进行了全面规定，详细程度甚至对任一部件进行了明确要求。

建立参考系统

——在借鉴各国相关标准的基础上，融入了在实践操作过程中遇到的问题，形成了安全评价参考系统，并不断完善。

多以风险理论为基础

——可以有效进行定量分析，为风险控制工作提供准确指导。

3. 评估指标

评估指标可从"设计性-状态性-功能性、动态+静态、单系统+多系统"综合评估。

4. 评价方法

评价方法可从"定性+定量""主管+客观""动态+静态""传统+新型"综合评价。评价方法如图 8-11 所示。

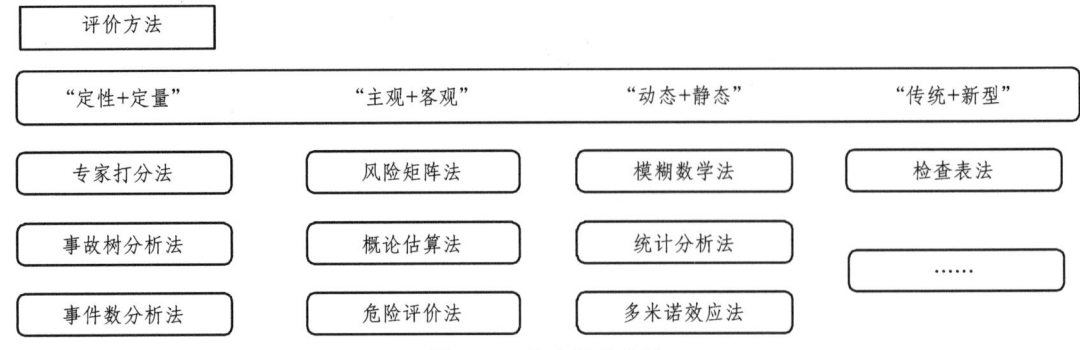

图 8-11　综合评价方法

5. 安全评估结构框架

城市轨道交通运营安全评估结构框架如图 8-12 所示。

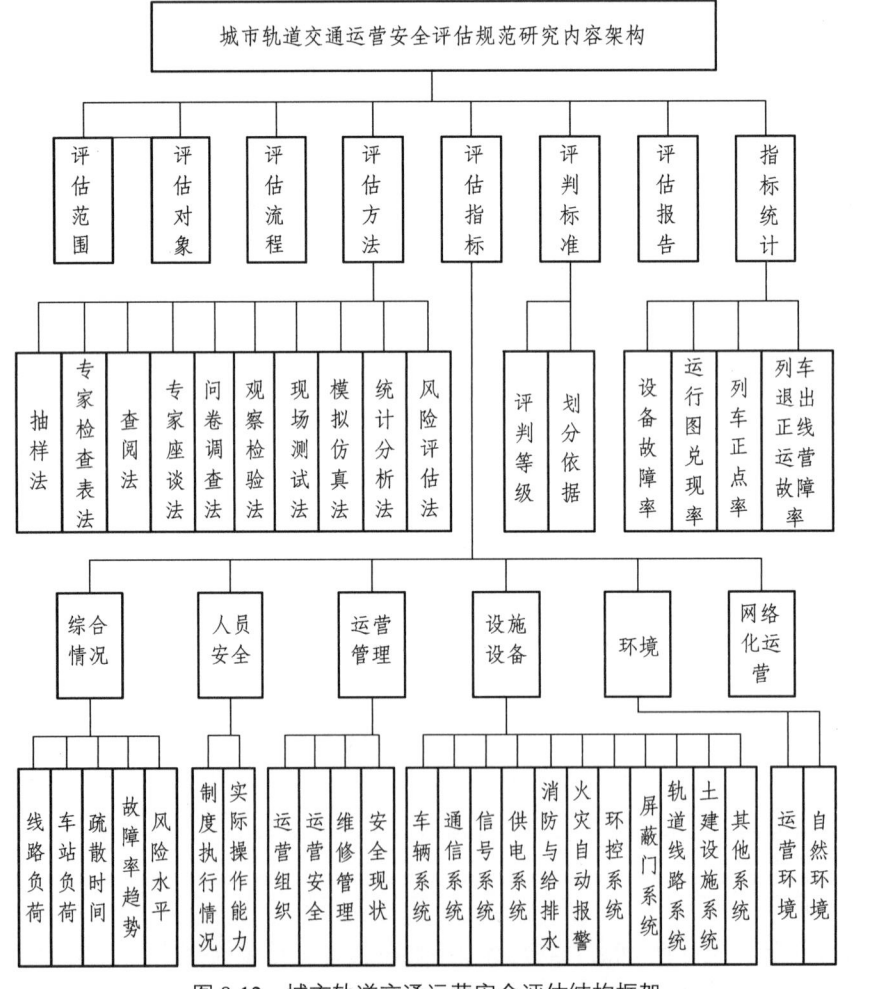

图 8-12　城市轨道交通运营安全评估结构框架

项目九
地铁工程施工安全评价

任务一 地铁工程施工安全评价的意义、体系与程序

一、地铁施工安全评价的意义

以实现工程、系统安全为目的，应用安全系统工程原理和方法，对工程、系统中存在的危险、有害因素进行识别与分析，判断工程、系统发生事故和急性职业危害的可能性及其严重程度，提出安全对策建议，从而为工程、系统制定防范措施和管理决策提供科学依据。

1. 安全组织管理评价

针对地铁工程施工过程中各项目安全组织的规范性、安全职责的合法性，以及各自履行安全管理职责的状况进行评价，判断地铁工程施工过程中各项目的安全组织管理水平。

2. 安全技术管理评价

针对地铁工程施工阶段采用的各种施工工法，如明（盖）挖法施工、暗挖法施工、盾构法施工以及高架车站及区间施工、安装工程施工的安全技术水平，进行评价，判断地铁各部分施工的安全技术管理水平。

3. 环境安全管理评价

针对地铁工程施工周边环境和现场环境的安全管理状况进行评价，判断其环境安全维护措施的有效性以及环境状况的安全水平。

4. 安全监控预警管理评价

针对地铁工程施工安全风险管理和监控预警的实施方案及执行情况进行评价，判断其安全监控的全面性和预警措施的及时有效性。

二、地铁工程施工安全评价体系

地铁工程施工安全评价的对象为一个车站或一个区间。

地铁工程施工安全评价体系是由地铁工程施工安全组织管理评价、地铁工程施工安全技术管理评价、地铁工程施工安全环境管理评价、地铁工程施工安全监控预警管理评价四部分组成。如图 9-1 所示。

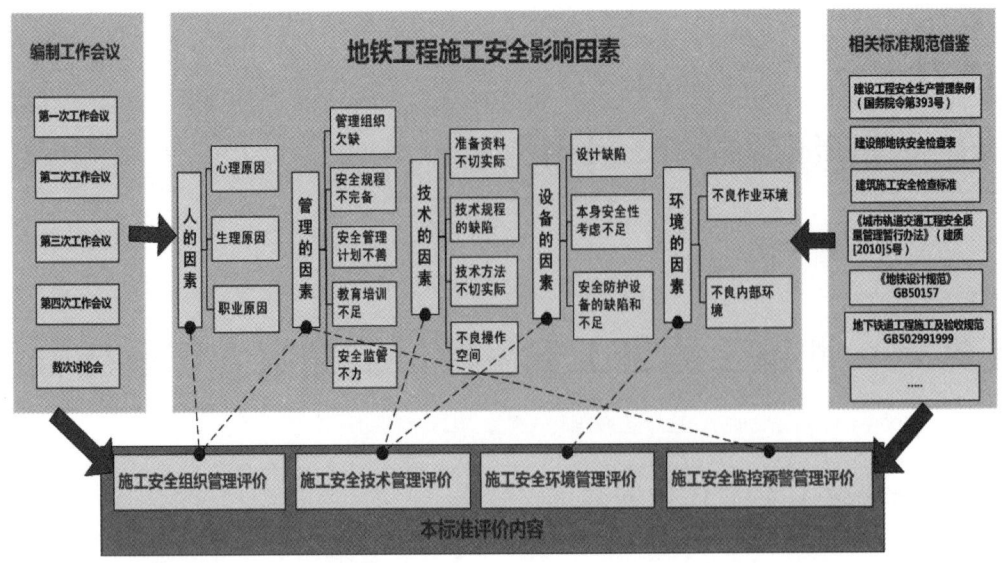

图 9-1 地铁工程施工安全影响因素

（1）地铁工程施工安全组织管理评价是基于"以人为本"的指导思想，重点评价项目部履行施工安全管理职责的状况和水平。

（2）地铁工程施工安全技术管理评价，针对地铁区间和车站采用的主要施工方法及安装工程中与安全相关的技术要求进行评价，评价地铁施工的安全技术管理水平。

（3）地铁工程施工环境安全管理评价包括地铁工程施工周边环境和现场环境两个方面的内容，评价其环境安全维护措施的有效性和环境状况的安全水平。

（4）地铁工程施工安全监控预警管理评价应体现"安全第一、预防为主、综合治理"的指导思想，评价其安全监控的全面性和预警措施的有效性。

地铁工程施工安全总体评价应在施工安全组织管理、施工安全技术管理、施工环境安全管理、施工安全监控预警管理评价基础上，进行安全评分汇总和安全管理水平定级，进而做出安全评价结论，编制地铁工程施工安全评价报告。

三、地铁工程施工安全评价程序

地铁工程施工安全评价分为准备工作、实施评价和编制评价报告三个阶段。

1. 准备工作

（1）确定本次评价的对象和范围，编制施工安全评价计划。

（2）准备有关地铁工程施工安全评价所需相关的法律法规、标准、规章、规范等资料。

（3）评价组织方应提交相关材料，说明评价目的、评价内容、评价方式、所需资料（包括图纸、文件、资料、档案、数据）的清单、拟开展现场检查的计划，及其他需要各单位配合的事项。

（4）被评价方应提前准备好评价组织方需要的资料。

2. 实施评价

（1）对相关单位提供的地铁工程施工技术和管理资料进行审查。

（2）按事先拟定的现场检查计划，查看地铁工程施工项目部的安全管理、施工技术的安全实施、施工环境的安全管理、监控预警的安全控制工作是否到位，以及是否符合相关法规、规范的要求，并按本标准的相关规定进行评价和打分。

（3）进行安全评价总分计算和安全水平划分。

（4）在上述工作的基础上，评价组织方提出安全评价结论，编制安全评价报告。

3. 编制评价报告

（1）评价报告内容应全面，条理应清楚，数据应完整，提出建议应可行，评价结论应客观公正；文字应简洁、准确，论点应明确，利于阅读和审查。

（2）评价报告的主要内容应包括：评价对象的基本情况、评价范围和评价重点、安全评价结果及安全管理水平、安全对策意见和建议、施工现场问题照片以及明确整改时限。

（3）地铁工程施工安全评价报告宜采用纸质载体，辅助采用电子载体。

任务二　地铁工程施工安全组织管理评价

工程项目安全组织管理评价主要包括安全管理机构与人员管理、安全生产制度和施工现场安全管理三个评价分项。如图9-2所示。

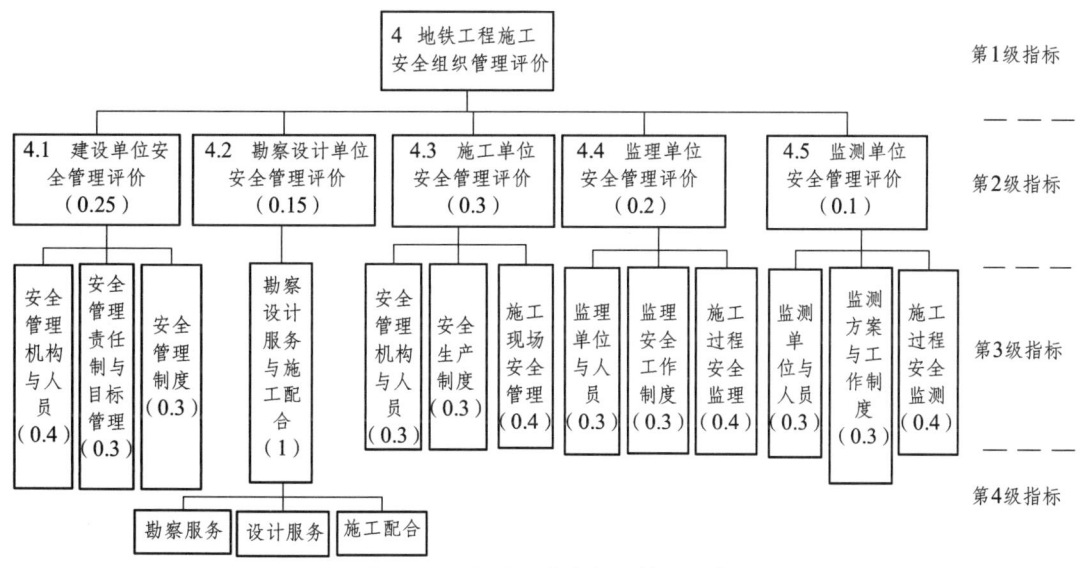

图9-2　工程项目安全组织管理评价

一、安全管理机构与人员管理

安全管理机构与人员管理评价应包括安全管理机构、安全管理人员、劳务分包单位人员三个分项。

（1）安全管理机构评价，应包括以下内容：

①项目部应按规定设置安全管理机构，并配备专职安全管理人员。

②各岗位的安全职责应明确、合理。

（2）安全管理人员资格评价，应包括以下内容：

项目经理、安全生产管理人员、特种作业人员应通过上岗前考核，接受施工安全技能与知识的培训。考核和培训均应有相关证明或记录，做到持证上岗。

（3）对劳务分包单位资质和人员资格管理评价，应包括以下内容：

劳务分包单位项目经理、安全生产管理人员、特种作业人员应通过上岗前考核，接受施工安全技能与知识的培训。考核和培训均应有相关证明或记录，做到持证上岗。

二、安全管理制度

安全生产制度评价应包括以下内容：

（1）项目部应建立安全生产责任制度、危险源管理制度、安全生产资金投入制度、安全教育培训制度、消防检查制度、环保制度、机械设备安全使用检查制度、临电管理制度、应急响应制度、生产安全事故和隐患报告处理制度等。

（2）项目部与架子队、劳务分包单位，架子队与班组应分别签订安全生产责任书，明确安全责任和义务。

（3）项目部应建立安全生产专项资金账户、使用台账，应为施工现场从业人员办理人身意外伤害保险等。

（4）项目部应制定对特种作业人员，待岗、转岗、换岗职工，新进项目部作业人员的安全教育培训计划；并按计划实施安全教育培训，并有相应记录。

（5）项目部应及时处理安全检查中发现的问题和隐患，整改后要进行复查，检查、整改、复查的情况应有记录，格式原则上满足股份公司统一要求，实现闭环管理。

（6）项目部应建立健全机械设备安全操作规程，特种设备必须做到合法使用（包括劳务队伍自带设备），劳务队伍自带设备必须纳入项目部的设备管理中；制定临电管理办法，完善临时用电管理制度。

（7）项目部配备应急救援人员、物资和设备，必要时进行演练并做记录。

三、施工现场安全管理

施工现场安全管理评价应包括危险源标识、安全技术交底、安全隐患排查、施工现场作业人员管理、机电及特种设备管理、民爆和化学危险品管理以及防雷管理七个分项。

（1）危险源标识评价，应包括以下内容：

①应在施工前分析现场可能出现的危险因素，对重大危险源登记、建档，进行跟踪管理，并有相应记录。

②应在施工现场入口显著位置和有重大危险源的作业点附近挂牌公告，公告内容应包括重大危险源名称、出现的时段、涉及的危险因素、控制措施、责任部门和责任人。

（2）安全技术交底评价，应包括以下内容：

① 项目经理部应制定各级安全技术交底的相关规定。

② 开工前应对作业人员进行安全技术交底，对新工艺、新设备、新技术、新材料还应进行专门交底，并有相应记录。

（3）安全隐患排查评价，应包括以下内容：

① 应建立隐患排查治理机制。对事故隐患应分类建立统计表，及时采取防护措施，并报告监理单位和建设单位。

② 对监理单位、建设单位及上级主管部门在检查中提出的隐患整改意见，应及时整改。整改意见和整改结果均应有记录并附相关整改照片。

（4）施工现场作业人员管理评价，应包括以下内容：

① 施工现场作业人员应具备相应的从业资格，特种作业人员必须持证上岗。

② 施工现场作业人员应佩戴安全防护用具。

（5）机电及特种设备管理评价，应包括以下内容：

① 应有产品合格证。

② 特种设备应有行政许可的制造许可证。

③ 属于《起重机械安装改造重大维修监督检验规则》TSGQ7016—2008 附件 A《实施安装监督检验的起重机械目录》中的起重机械设备需具备《特种设备安装许可证》，并满足当地质量技术监督局、建设主管部门的要求。

④ 制定机械设备《安全操作规程》，配备对应的操作人员，悬挂对应的机械设备《安全操作规程》，安全操作规程参见《建筑机械使用安全技术规程》JGJ33—2001。

⑤《实施安装监督检验的起重机械目录》的起重机械设备安装完成后必须及时获取《安装监督检验报告》《检验报告》或备案资料、合格证。

⑥ 组织进场设备验收和验收记录，需要报监理的按监理表格要求提报。

依据说明：《建设工程安全生产管理条例》中华人民共和国国务院令第 393 号第四章施工单位的安全责任中第二十一条要求：制定安全操作规程；第三十二条并书面告知危险岗位的操作规程和违章操作的危害；第三十四条 施工单位采购、租赁的安全防护用具、机械设备、施工机具及配件，应当具有生产（制造）许可证、产品合格证，并在进入施工现场前进行查验。

⑦ 机电及特种设备的使用、维修、保养、检查、拆卸、报废按国家部门、业主及企业相关规定执行。一旦出现故障或发生异常情况，项目部（或产权单位）应对其进行全面检查、保养、维护，消除事故隐患后方可重新使用并做好相关记录。

（6）民爆和化学危险品管理评价，应包括以下内容：

① 应建立消防安全责任制度，制定用火、用电、使用易燃易爆材料等各项消防安全管理制度和操作规程，落实消防安全责任人。

② 应设置消防通道、消防水源，配备消防设施和灭火器材，并在施工现场入口处设置安全警示标志。

（7）临时用电和防雷管理评价，应包括以下内容：

① 贯彻《用电安全导则》GBT13869 中的 6 条用电安全的基本原则，按《施工现场临时用电安全技术规范》JGJ46 和业主要求，履行"编制、审核、批准、验收"程序，并做好相关

记录。

② 按《施工现场临时用电安全技术规范》JGJ46 中的防雷要求、结合工程施工所在地的气象条件，特别是雷电的规律，制定防雷措施。

③ 按月进行临时用电和防雷定期检查和维护，并记录。

任务三　地铁工程施工安全技术管理评价

施工准备工作评价应包括施工组织保障措施、施工管理保障措施、施工技术保障措施和施工经济保障措施四个评价项目。如图 9-3 所示。

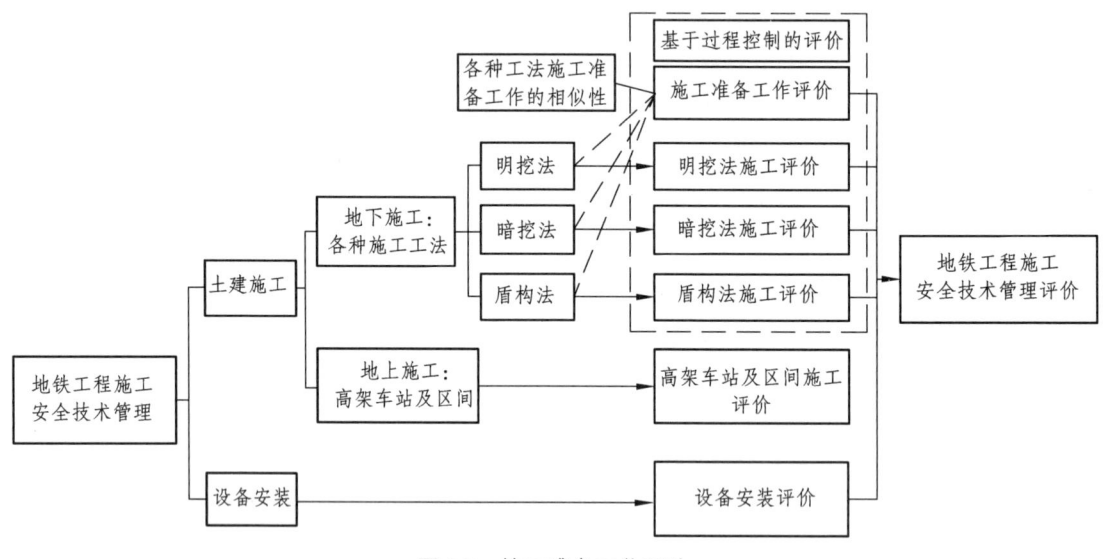

图 9-3　施工准备工作评价

一、施工组织保障措施

施工组织保障措施评价，应包括以下内容：

（1）项目部机构、人员配备应满足合同履约需要，符合本地铁工程施工项目的特点；应建立全面、可行的安全管理责任制度。

（2）项目部应建立监督、检查、评比与奖罚制度，并制定工作流程。

（3）项目部应制定合理的安全控制目标和控制措施。

（4）项目部应建立现场消防责任制，并确定消防责任人。

（5）项目部应制定全面、可行的应急预案，包括应急组织、职责、响应机制、应急物资的储备，并经论证和审批。

（6）项目部应建立完善事故报告处理制度。

二、施工管理保障措施

施工管理保障措施评价应包括人力资源管理和物力资源管理两个分项。

1. 人力资源管理评价

（1）项目部主要负责人、专职安全管理人员应经安全生产与管理知识考核合格，并取得相应证书。

（2）地铁工程施工各种机械设备操作人员及特种作业人员应经培训并持证上岗。

（3）项目部应有合理的人力投入计划，施工队伍资质应符合国家、地方相关规定，施工队伍安排应满足施工作业的要求。

（4）劳动力计划中，应禁止安排女工、未成年人从事井下及隧道内作业。

（5）应做好对从事有职业危害的作业人员进行健康检查的计划。开工前应对井下、隧道内、高处作业人员应进行健康检查，并有相应记录，严禁检查不合格的人员上岗作业。

（6）应对作业人员、新岗位人员以及应用新工艺、新设备、新材料和实施新结构的人员进行专门培训，并有培训记录。

（7）应制定现场作业人员必须佩戴安全帽、高空作业必须系安全带的安全防护制度。

2. 物力资源管理评价

（1）项目部应有结合地铁工程施工进度的物力资源投入计划。

（2）应有投入地铁工程施工的各种机械设备的质量证明文件和有效的安全检验合格证，重要设备还应有生产或制造许可证。

（3）应有各种机械、设施设备的检修与保养计划，并有专人负责。

（4）应在危险性较大的设施、设备及危险物资存放处设置安全警示标志。

（5）应有现场安装、拆卸施工起重机械和整体提升脚手架的专项方案，并由有资质的单位实施。

（6）应有施工中所用各种材料的质量合格证明。

（7）应配备好施工现场消防物资与器材、应急抢险物资，特别是隧道内、深基坑抢险应急物资准备，并有专库存放以及专人负责。

三、施工技术保障措施

施工技术保障措施评价，应包括以下内容：

（1）项目部应结合项目特点及调查资料，编制有针对性、方案合理、操作性强的施工组织方案，并经审批。

（2）应针对项目特点，制定专项施工方案并经审批；危险性较大分部分项工程安全技术方案应组织专家论证，并有论证报告。

（3）应辨识工程项目的危险源，形成安全危险源清单，并制定相应的防范与处理措施。

（4）应合理布置施工场地，制定施工平面规划，将施工现场的办公、生活区与作业区分开设置，并保持合理安全距离。

（5）开工前应做好安全技术交底，并有详细记录。

（6）开工前应有经过论证与审批的施工安全监控量测方案。

四、施工经济保障措施

施工经济保障措施评价，应包括以下内容：
（1）应有安全施工措施费使用计划和台账，且实际投入情况应符合有关规定要求。
（2）应为现场作业人员办理工伤保险，并在开工前为现场从事危险作业人员办理意外伤害保险。

任务四 地铁工程施工环境及监控预警管理评价

一、地铁工程施工环境管理评价

1. 工程地质、水文地质评价

工程地质、水文地质评价应包括工程地质核查、水文地质核查两个分项。

2. 周边建筑物或构筑物评价

周边建筑物或构筑物评价应包括周边建筑物或构筑物调查、周边建筑物或构筑物影响两个分项。

3. 地下管线评价

地下管线评价应包括地下管线调查、地下管线影响两个分项。

二、地铁工程施工监控管理评价

1. 安全监控管理评价

安全监控管理评价应包括监控准备、监控实施和监控数据处理三个分项。

2. 监控准备评价

（1）应有对施工安全监测的测点布置、重点监测对象、监测频率和控制标准等内容的设计交底记录。
（2）施工单位、监测单位和安全监控预警机构应分别编制专门的安全监控预警管理工作大纲。
（3）监测单位应根据相关规范、设计文件和现场实际情况编制监测方案，并应经审批。

3. 监控实施评价

（1）对结构本体及周边环境的监测布点应符合监测方案的规定，并应有验点记录。
（2）在穿越重要建筑物或构筑物以及既有运营线路时，应进行实时监测，并应有监测记录。

（3）当设计发生变更时，监测单位应根据变更内容对监测方案进行调整，并应有相应记录。
（4）应制定测点保护措施，当已有测点被破坏时，应及时补点，并应有相应记录。

4. 监控数据处理评价

（1）监测单位应将监控量测记录和工程日志上报给安全监控预警机构。
（2）各参建单位应对所有监测数据进行分析处理，并应有相应记录。
（3）对监测数据超限部位，应进行分析、开展现场巡视，应制定相应处理措施，并应有相应记录。

三、地铁工程施工预警管理评价

安全预警管理评价包括预警发布、预警响应和预警解除三个分项。

1. 预警发布评价

（1）安全监控预警机构应及时发布预警信息，并应有发布的时间记录。
（2）安全监控预警宜分为数据级预警、现场级预警和工点综合预警，并宜分为绿色、黄色、橙色和红色安全风险等级，不同类型的安全预警信息的发布应有相应的分析报告。

2. 预警响应评价

（1）各参建单位应编制预警响应的专项方案，内容应包括响应人员、响应机制、物资准备等。
（2）预警发布后，相关单位应及时启动预警响应，并应有警情处理记录。
（3）应制定警情处理方案，对于安全风险等级较高的工点，应召开现场协调会或专家论证会，并应有警情处理和复查记录。

3. 预警解除评价

（1）安全监控预警机构应根据预警解除标准解除预警，解除预警的标准应在安全监控预警机构的安全监控预警管理工作大纲中予以明确。
（2）各参建单位在预警解除后应对原有警情进行跟踪，并应有记录。

四、安全管理综合评价

轨道工程安全综合评价是城市轨道交通系统运营安全管理的重要组成部分。轨道工程安全综合评价是以实现城市轨道交通运营安全为目的，按照系统科学的方法，对城市轨道交通系统中的危险因素进行分析和评价，并根据形成事故的大小，采取相应的安全措施，以达到安全管理的目的。

1. 行车基础设备评价

1）车辆评价

车辆评价可以采取现场安全检查表的方式。选取若干车辆段进行检查，设立相应检查项目，进而根据收集到的数据，对车辆进行安全评价。

2）线路评价

线路评价也可以采取现场安全检查表的方式，从线路设计缺陷、钢轨伤损等方面进行检查，并对钢轨断裂用事故树分析方法进行分析，从而发现安全隐患。

3）供电评价

采用安全检查表对城市轨道交通系统供电设备进行安全检查，对历年的事故资料采用数理统计分析的方法进行评价，并对影响列车运营的三轨断电事故进行事故树分析。

主要考查的问题有：设备服役期限、设备老化情况、设备技术水平、设备与环境的适应性、设备结构设计、备件备品情况等。

4）通信信号评价

对通信信号设备，主要采取数理统计分析的方法和影响弹性系数方法进行评价，统计设备故障数量、设备故障率、自动化水平及设备稳定性等。

5）机电评价

可以应用安全检查表对机电设备设施进行现场检查，考察通风和排烟设施、管路锈蚀问题、电缆阻燃能力、区间隧道应急照明等，并采用事故树分析方法进行分析。

6）土建设施系统评价

主要考察车站的通道宽度、楼梯宽度、站厅、站台、设备及管理用房、通道、人行楼梯和自动扶梯高度，车站控制室、出入口、人行楼梯的设置等。

7）行车基础设备评价

行车基础设备和城市轨道交通重大、大事故的关系总结如下：

（1）车辆是影响安全运营的最重要的设备，车辆故障可能导致列车脱轨等事故发生，从而导致群伤群死事件的发生。

（2）线路损伤可以导致重大行车事故的发生，需要线路检测、维护，能保证及时发现伤损情况，并进行处理。

（3）供电设备故障可导致长时间停运不当，本身不会导致乘客的伤亡，但是如果疏散不当，可能导致拥挤踩踏事件。

（4）机电本身不对安全运营产生影响，但是关系到灾后通风排烟。

（5）通信信号本身发生的故障，通过采取各种措施，不会导致乘客伤亡事故。

2. 运营组织评价

（1）人员评价。

（2）客运组织评价。

（3）行车组织评价。

3. 外界影响评价

（1）乘客对轨道交通系统安全影响评价。

（2）水、电、气、热等工程对安全影响评价。

4. 安全管理评价

（1）安全管理机构设置。
（2）安全生产法律法规。
（3）应急预案评价。

参考文献

[1] 罗云. 现代安全管理. 北京：化学工业出版社，2010.
[2] 付权，王彦明. 浅谈地铁深基坑施工中的地址风险. 黑龙江科技信息，2011（11）.
[3] 梁祖生. 建筑施工中质量管理策略研究. 中国新技术新产品，2011（1）.
[4] 中华人民共和国安全生产法. 北京：法律出版社，2014.
[5] 中华人民共和国刑法. 北京：中国法制出版社，2017.
[6] 城市轨道交通运营管理规定. 2018，7.
[7] 城市轨道交通工程安全质量管理暂行办法. 2010，1.
[8] 杨玲. 地铁深基坑施工风险控制. 城市道桥与防洪，2013，10.
[9] GBT50438—2007 地铁运营安全评价标准. 2007.
[10] 陶雄良. 建筑施工质量管理研究. 中国新技术新产品，2015，1.
[11] 城市轨道交通建设工程质量安全事故应急预案管理办法. 2016.
[12] 国际隧道协会（ITA）. 隧道风险管理指南. 2012.
[13] 连义平. 城市轨道交通运营管理. 北京：中国铁道出版社，2014.
[14] GB/T 30012—2013 城市轨道交通运营管理规范. 2013.
[15] 耿幸福，宁斌. 城市轨道交通运营安全. 北京：人民交通出版社，2013.